칼뱅,
신학과 인문학이 만나다

글과길

칼뱅, 신학과 인문학이 만나다

오형국 지음

발행일   2022년 4월 1일
발행인   김도인
펴낸곳   글과길
         등록 제2020-000078호[2020.5.29]
         서울특별시 송파구 삼학사로 19길5 3층 [삼전동]
         wordroad29naver.com
편집   이영철
디자인   디자인소리 ok@dsori.com

ISBN 979-11-978184-0-0   03230
가격 15,000원

칼뱅,
신학과
인문학이
만나다

추천사

이 책은 종교개혁자 칼뱅이 어떻게 서구 문명의 흐름에 큰 영향을 미칠수 있었는지를 알려주는 훌륭한 해설서입니다. 이 책의 미덕은 복잡한 내용을 쉽고 명료하게 설명해 주는 데 있습니다. 특히 칼뱅의 급진적 신본주의 사상이 역동적인 문화이념으로 작용할 수 있게 된 것에 인문주의 교육이 어떤 역할을 했는지를 보여줍니다. 그가 르네상스라는 서구 문화의 중대한 시대정신을 성경적 진리로 변혁시키는 능력을 갖추게 된 것도 인문주의를 통해 배양된 소양의 힘이 컸음을 밝혀줍니다.

하지만 한국교회는 이 사실에 대한 관심과 이해가 깊지 않습니다. 저자는 이 점을 통렬히 지적합니다. 칼뱅주의를 내세우는 한국교회에 그의 사상적 영향이 미미한 것은 그 때문일 수 있다고 했습니다. 이를 교정하기 위해 칼뱅의 신학 사상의 특징적 지성 구조와 인식론적 측면을 세세히 드러내 보여줍니다. 특히 신학과 인문학의 상관성을 염두에 두고 신학함의 방법론에 대한 관심과 연구의 미약함을 안타까워하며 이를 보완하는 길을 열어줍니다.

칼뱅의 신학과 사상을 인문주의와 연관 지어 자세히 설명해 주는 연구는 많지 않습니다. 저자는 칼뱅의 폭넓은 비전이 신학을 넘어 문화 변혁의 힘을 발휘한 근본 이유를 밝혀 이 시대의 한국교회를 향한 교훈을 던져줍니다. 이 책은 칼뱅의 유산을 신학과 인문학의 만남이라는 열쇠를 통해 풀이해주는 귀한 선물입니다.

신국원(총신대 신학과 명예교수, 웨스트민스트신학대학원 대학교 초빙교수)

2000년대 초반부터 한국 사회에는 인문학 소양, 인문주의 담론 등 인문학에 대한 중요성이 지속적으로 강조되어왔지만, 한국 교회나 신학계에서 인문주의는 여러모로 불편한 대상이었다. 인문주의라는 용어는 인본주의와 동의어로 간주되는 등 그 가치가 제대로 평가되지 못했다. 그 결과 과도하게 신학적 정체성과 교리 중심성만이 강조되어 지적 불균형을 가져왔다.

이런 안타까운 현실 속에서《칼뱅, 신학과 인문학이 만나다》는 무척이나 고무적인 책이다. 한국 교회가 인문학에 대해 어떠한 시각을 가져야 할지를 대표적인 종교개혁가 장 칼뱅을 통해 그려내고 있다.

우리에게 다소 낯설지만, 세네카의《관용론 주석》을 저술하여 인문주의자로 자신의 학문 세계를 출발한 칼뱅의 모습이 이 책에 면밀하게 소개되어 있다. 또한, 우리가 놓치고 있었던 종교개혁의 중요한 한 디딤돌이었던 인문주의에 대한 오해를 풀어주는 역작이다.

인문주의가 실증적이고 비판적 사고를 통해 종교개혁의 사상을 담는 도구적 학문 또는 지적 용매였음을 풀어가는 저자의 서술은 오늘 한국 교회가 놓치고 있는 지점을 정확하게 짚어 주고 있다. 이 책이 신학 혹은 신앙과 인문학 사이의 관계 설정을 고민하는 이들에게 좋은 길잡이가 될 것이라고 믿는다. 기꺼이 일독을 권한다.

최종원(밴쿠버 기독교세계관 대학원 교수)

신학과 타 학문들의 관계성은 신학 공부의 전 과정에서 중요한 과제이다. 저자는 칼뱅 신학을 통해 이 문제를 알기 쉽게 풀어주고 있다. 신학을 배워도 신학의 본질에 다가서지 못하는 경우가 허다하다. 신학을 그냥 지식으로 배우기 때문이다. 저자는 르네상스 인문주의와 칼뱅 신학의 상관성, 그리고 그가 개척한 독특한 신학적 루트를 그려 줌으로써, 신학의 본질은 결국 "신학 하기"(doing theology)임을 보여주었다. 개혁의 요구가 크게 대두되고 있는 오늘의 한국 교회에 본서가 좋은 길라잡이가 될 수 있을 것이다.

오동일(장신대 교수, 기독교와 문화)

루터, 츠빙글리 같은 1세대 종교개혁자들이 종교개혁의 대의를 주장하고 살려냈다면, 칼뱅은 그것을 프로테스탄트 신학으로 정립한 신학자였고, 가톨릭으로부터 독립된 개혁교회의 구체적인 모습을 빚어낸 목회자였다. 그리고 그는 서구 자본주의 정신의 발흥에 심대한 영향을 끼치고, 민주적인 교회 정치 구조를 구상한 인문학자이기도 했다.

그동안 한국교회에서 칼뱅이 말해졌지만, 그 이해의 강조점은 상당히 불균등했다. 특히 인문학자로서 칼뱅의 삶과 신학은 충분히 강조되지 못한 것이 사실이다. 이 책이 반가운 점이 바로 여기에 있다. 저자는 칼뱅에게 성경의 절대적 권위를 인정하는 신본주의뿐 아니라 사람됨에 대한 탐구를 신앙의 불가결한 요소로 보는 인문주의가 있음을 강조하며, 후자에 합당한 관심을 주려 한다. 이는 강력한 '지성적 경건'이 필요한 한국교회에 경종을 울릴 뿐 아니라 나아갈 바를 제시하리라 확신한다.

윤영휘(경북대 교수, 역사학)

16세기 종교개혁과 개혁교회 역사에서 인문주의를 중심으로 국내외에서 두 가지 편향된 이해가 존재해왔다. 한 가지는 인문주의 자체를 기독교적 가치와 동일시하는 인본주의 사상이다. 다른 하나는 기독교 신앙과 신학으로부터 인문주의를 완전히 배제하고 배척하여 기독교를 반지성주의로 전락시키는 경우이다.

칼뱅은 신앙으로부터 '지식'(notitia)을 배제하는 사람들을 비판했을 뿐만 아니라, 신앙으로부터 마음의 '확신'(fiducia)을 배제하는 사람들도 비판했다. 칼뱅은 안셀무스(Anselm)의 표현대로, 신앙을 '지식(이해)을 추구하는 신앙'(fides quaerens intellectum)으로 이해했다. 학문을 무시하고 경건만을 강조하며 반지성주의 경향을 보인 재세례파들과 순수 지성주의 경향을 보였던 에라스뮈스를 비판하면서도, 탁월한 기독교적 인문주의자의 길을 성공적으로 걸을 수 있었다.

본서는 반지성주의 늪에 빠진 결과, 특히 젊은 세대와 지성인들로부터 철저하게 외면당하고 있는 한국교회와, 순수 지성주의와 순수 도덕주의를 기독교 복음으로 오해하는 일부 기독교 지성주의자들과 기독교 도덕주의자들을 올바른 길로 인도할 최고의 길라잡이가 될 수 있다고 본다. 저자에 대한 신뢰와 주제의 중요성으로 인하여 강력하게 추천한다.

최윤배(전 장신대 교수, 조직신학)

칼뱅' 하면 떠오르는 이미지는 '엄숙한 경건', '신권정치' 등이다. 한편, '인문학'에서 먼저 떠오르는 것은 '인간 정신의 고양', '자유스러운 탐구' 등이다. 칼뱅의 신학과 인문학이 만난다고 할 때, 둘이 서로 잘 어울릴 수 있을까 하는 의문은 이 책을 읽으면서 풀린다.

비성경적인 교회 전통과 형식으로 신자들을 가두었던 중세 카톨릭에 저항하여 칼뱅은 새로운 신학 체계를 세우기 위해 성서로 돌아가 끊임없는 '왜?', '그래서?'(so what)의 물음으로써 믿음의 본질을 파고든다. 한편 칼뱅은 인식론, 문헌학, 수사학 등 당대의 신학문을 자기 신학에 차용하였다. 그리고 보니 칼뱅이 살던 시대가 바로 르네상스 시대였다는 사실이 눈에 들어왔다. 인문학이 부흥하던 르네상스의 지식인 칼뱅은 자연스럽게 인문학을 자기 신학의 방법론으로 삼을 수 있었다.

이 책을 읽으면서 칼뱅에 대한 오해는 나 개인만의 오해는 아니었다는 것도 알 수 있었다. 그동안 한국교회는 외형성장에 치중하면서 칼뱅의 신학도 '엄숙한 경건', '신본주의' 등 겉모습에만 주목하였지, 그것의 전모와 내적 구조를 아우르지 못하였다. 맹목적 신앙에 머무르지 않고 칼뱅의 참모습, 나아가 하나님 말씀의 근원으로 나아가려는 사람들에게 이 책은 하나의 지침서가 될 수 있다. 기독교 신자들뿐만 아니라 진리를 갈구하는 모든 이들에게 방법론으로서 참고가 될 수 있을 것으로 본다.

양승국(변호사, 로고스 법무법인)

지금은 교회 안에서도 인문학이 그 어느 때보다 필요한 시기인 것이 분명하다. 인문학에는 성도들을 위로하고 신앙을 든든하게 세워줄 통찰의 보고가 들어있기 때문이다. 현실적으로 인문학의 필요성을 느끼면서도 성서와 신학을 약화할까 주저하고 있다면 이 책을 읽어보길 권한다. 저자는 종교개혁을 대표하는 신학자 칼뱅을 통해 인문학적 시선이 신학과 연결될 때 그것이 어떻게 우리를 신실한 그리스도인의 삶으로 이끌 수 있는지를 차근차근 설명한다. 이 책을 제대로 읽는다면 독자 누구나 개인적으로 신앙이 성숙할 기회뿐 아니라 칼뱅의 가르침을 통해 은혜와 신학에 대한 시야도 한층 넓어지는 기회를 갖게 될 것이다.

이정일 목사 (《문학은 어떻게 신앙을 더 깊게 만드는가》의 저자)

르네상스와 종교개혁의 격랑 속에서 칼뱅은 요즘으로 말하면 인기 최고의 유튜버 또는 인플루언서였다고 할 수 있다. 나의 전공 분야에서 일어나는 변화들-인터넷 혁명, 제4차 산업혁명, 메타버스의 시대 등-은 14세기 이탈리아의 문학가나 교육자들이 시작한 르네상스를 닮았다. 메타버스와 관련된 글을 한번 읽어보자.

"본캐(실제 자아) 중심의 심리적 위계질서가 사라짐에 따라 부캐(가상의 자아)는 더는 부차적인 대상이 아니었다. 메타버스에는 부캐가 필요하다. 영화 매트릭스가 보여준 새로운 인간관은 인간의 존재를 육체적이고 물리적 차원의 범위로 국한하지 않을 가능성을 제공해 주었다. 인간의 정념과 창의성 역시 부캐 창조의 원천으로서 긍정적인 가치를 확보하게 되었다."

사실 위 글은 이 책에서 나온 다음 문장에서 명사만 몇 개 바꾼 것이다. "이성 중심의 심리적 위계질서가 사라짐에 따라 몸은 더는 비천한 경멸의 대상이 아니었다. 행동에는 몸이 필요하다. 새로운 전인적 인간관은 인간이 가진 악의 성향을 육체적이고 감각적인 차원의 탓으로 돌리지 않을 가능성을 제공해 주었다. 인간의 정념 역시 행동의 원천으로서 긍정적인 가치를 확보하게 되었다."

기독교적 인문주의자들은 윤리나 덕성과 같이 비교적 부드러운 주제를 다루는 반면, 신학적 인문주의자들은 신학과 교리에 도전한다. 히브리서 5:14에서 말하는 '장성한 자가 먹는 단단한 음식'이다. 단단한 음식에 영양소가 고루고루 들어있고, 이로써 바르게 성장할 수 있다. 기후 위기 또는 메타버스 시대가 가져올 충격에서 기독교가 살아남을 수 있을까? 장성한 자라야만 먹을 수 있는 단단한 음식을 얼마나 소화할 수 있느냐에 달려있을 것이다.

인간이 속한 환경은 급속하게 바뀌고 있다. '부캐'의 정체성을 인문학적으로 설명하고, 이를 신학적으로 뒷받침하도록 하나님의 영감을 구해야 한다. 인문학을 시녀가 아니라, 기사(chivalry)로 삼아 적진 깊숙이 들어가서 인류를 구출해야 한다. 르네상스 뒤에 종교개혁이 온다.

서덕영(경희대 교수, 컴퓨터 공학)

머리말

칼뱅(John Calvin, 1509~1564)은 종교개혁의 신학 체계를 수립했을 뿐만 아니라 제네바에서 개혁신학에 근거한 견고한 교회공동체와 선교적 기지를 건설하여 이 운동을 국제화시킴으로써 서구 개신교를 확고한 토대 위에 올려놓은 인물이다.

멜란히톤(Philipp Melanchthon, 1497~1560)이 그를 가리켜 '신학자 중의 신학자(the theologian)'이라고 불렀듯이 칼뱅은 종교개혁을 대표하는 신학자이지만, 동시에 가장 독특한 개신교 신학자로 간주된다. 한 진영을 대표하는 지도적 인물이 그 진영 속에서도 독특하다는 것은 무엇을 의미할까? 그것은 이후의 개신교 전통이 칼뱅 사상의 본질적인 특성을 재현하기보다는 부분적 모방과 답습에 빠지곤 했다는 사실에서 짐작할 수 있다.

우리는 칼뱅의 신학에서 '전적 타락'이나 '예정론' 등 자율적인 인간성을 도무지 허용하지 않을 것 같은 급진적(radical) 신본주의를 발견한다. 그러나 그와 동시에 칼뱅의 신학은 '이중 신지식론'과 '일반은총론'과 같이 인간과 창조 세계의 가치를 적극적으로 추구하는 개방적 구조를 취하고 있다.1) 그러므로 그의 신학은 영혼 구원의 참된 도리와 경건한 교회를 성립시키는 데서 그치지 않고 삶의 모든 영역에서 기독교적 원리를 제시하며 근대 서구 문명을 형성하는 원천적 사상이 될 수 있었다. 그의 사상은 근대 자본주의의 노동윤리와 민주적 개인주의 발달의 토대를 제공하였으며, 학문과 고등교육에 대한 새로운 관념을 제공하여 서구의 근대 형성에 심대한 영향을 끼친 것으로 평가된다.2)

칼뱅은 제네바에서 세계 최초로 의무교육을 실시했고, 오랜 노력으로 제네바 대학의 전신인 제네바 아카데미를 설립했다. 시민종합병원을 세워서 치료와 구호를 겸하게 했고, 고리대금업을 종식시켰으며, 자본가들과 오랜 협상과 투쟁을 마다하지 않으면서 대출자금에 대한 금리를 제한했다. 그리고 대개 중소상공업자들이었던 망명자들의 정착과 자활을 위한 재단을 설립했다. 이 재단은 낮은 이자로 자금을 빌려줌으로써 제네바에 많은 중소기업과 상업조직들이 들어서게 했다. 또한 퇴폐와 향락의 풍조를 몰아내고 시민들의 삶을 새롭게 했다. 칼뱅은 제네바시를 개혁했을 뿐 아니라 스위스와 그 외의 자신의 사상적 영향권에 있는 도시와 국가들을 발전시켰다. 이것은 '종교를 통한 사회의 변화'에 관심 있는 사람들에게 간과할 수 없는 역사적 교훈을 준다.

그렇다면 프랑스의 개신교 박해와 제네바의 교회개혁 과정에서 형성된 칼뱅의 신학이 그 이후의 역사 속에서 역동적인 문화이념으로서 작용하게 된 요인은 무엇인가? 그것은 단순히 교리적인 철저함과 경건생활에서의 율법적인 엄격함 추구 때문에 얻어진 것은 아니다. 칼뱅에게는 하나님의 주권과, 특별계시인 성경의 권위를 절대시하는 '급진적 신본주의'가 있고, 인간에 대한 지식과 일반은총의 적극적 탐구를 신앙의 불가결한 요소로 간주하는 '인문주의'가 있다. 이 두 가지가 기독교 신학의 전통적인 구성양식인 '대립되는 것의 복합'의 형태로 존재한다. 그것이 칼뱅의 신학이 순수한 신앙공동체를 회복하는 종교사상인 동시에 중세를 넘어서는 새로운 문명의 이념이 되게 한 것이다.

오늘의 한국교회와 칼뱅

한국장로교는 끊임없이 칼뱅주의를 표방해왔고 칼뱅을 신앙과 신학의 최고 권위처럼 높이 받들어왔지만, 정작 칼뱅주의 기독교의 실체를 구현하지 못한 것을 지적받고 있다. 예를 들어, 존경받는 선교사 하비 칸(간하배) 교수가 한국에서의 오랜 사역을 마치고 떠날 때, "한국교회, 칼빈주의 없습네다!"라고 남긴 말이 상당 기간 회자된 바 있었다. 한국의 보수신학자들은 이 거북한 지적이 무엇을 말하는지 중지를 모아 성찰해야 했지만, 그러기보다는 못 들은 척 덮고 지나갔다.

현재 한국개신교는 신학적·도덕적으로 전면적인 위기에 처해 있다. 교회의 몰락은 항상 복음의 본질에 대한 배반과 우상숭배를 신학이 정당화, 또는 묵인하는 데 원인이 있다. 이 연구는 한국의 개혁주의 교회들이 기독교 신앙의 본질과 비본질을 분별해야 할 시점에서 자신의 전통인 칼뱅 신학의 바르고 깊은 이해를 추구하되, 그동안 익숙하게 들어온 칼뱅의 교리적 측면만이 아니라 그의 신학사상의 특성을 가능케 한 지성 구조와 인식론적 측면을 드러내 보이려 한다.

이 책은 2006년도에 출간했던 《칼뱅의 신학과 인문주의》(한국학술정보)를 재구성하여 쉬운 문체로 다시 쓴 책이다. 원래 학위 논문으로 제출된 것이었으므로 일반 독자들에게 꼭 필요치 않은 부분을 빼내고 가능한 간결한 문체로 다시 썼으며, 현시점에서 우리의 기독지성운동을 위하여 가장 필요한 주제인 '신학과 인문학이 만나는 방법'을 찾는 데 집중하였다.

전기적 내용인 '16세기 프랑스 르네상스와 칼뱅'과 제네바 아카데미를 중심으로 교육적 주제를 다룬 2부는 싣지 않았다. 그리고 전문적인 내용은 상당 부분 미주로 돌려서 관심 있는 독자들은 참조할 수 있게 하였다.

시간이 흘렀음에도 이 책을 다시 내기로 하는 이유가 몇 가지 있다.

첫째, 근래에 인문학에 대한 목회자들의 관심이 다시 일어나고 있으나 인문학 공부가 신학의 성숙으로 이어지지 못하는 경향이 있기 때문이다. 신학의 특성은 교의적 내용을 어떤 지성 구조에 담아내는가에 따라 결정되는 바가 크다. 또한 인문학적 지식이란 현학적 정보의 축적이 아니라 지식을 발견하는 사고 과정을 자극하고 성숙시키는 지식이다. 본서는 르네상스와 종교개혁의 지성사적 상관성에 주안점을 두고 칼뱅 신학의 형성과정과 내적 구조를 밝히고자 하였다. 이러한 접근의 칼뱅 연구를 통해 인문학 공부가 목회자의 신학적 사고능력 향상을 위한 지성 구조 개발로 이어지는 데 다소나마 도움이 되기를 바란다.

둘째, 많은 그리스도인들이 현실적으로 인문학 또는 인문 교양의 필요성을 느끼면서도, 그것이 탈종교적 인본주의를 강화하고 성서와 신학을 약화하리라는 막연한 불안감에 주춤거리고 있다는 사실 때문이다. 그동안 이런 검증되지 않은 생각 때문에 '하나님을 아는 지식(knowledge of God)'과 '인간 자신(self)'에 대한 지식'이 분리되면서 참된 경건에 도달하지 못하게 하는 신앙의 미성숙, 즉 반지성주의와 탈윤리적 신앙 형태가 발

생하였다.3)

이에 관하여, 칼뱅은 오히려 두 지식이 뗄 수 없이 결부됨으로써 거룩한 지혜가 이루어진다는 이중 신지식론(Duplex Cognitio Dei, Twofold knowledge of God)을 자신의 신학 원리로 삼고 있다. 이러한 입장은 고대 교부들의 지성적 경건(docta pietas, learned piety) 전통과도 일맥상통하는 것이다. 4세기 기독교 공인 직후 아우구스티누스는 '애굽의 황금'이라는 교의로써 기독교 공동체가 그리스-로마의 이교적 학문 전통에 위축되거나 외면하지 말고 개혁적인 자세로 수용할 것을 가르쳤다. 여기서 중요한 것은 인문적 지식과 하나님을 아는 지식의 적절한 결합 모드를 찾는 것이다. 우리는 칼뱅 신학의 콘텍스트와 내적 구조를 이해함으로써 이를 위한 귀중한 시사를 얻을 수 있다.

셋째, 칼뱅 연구에서 한국 신학계는 이제까지 교의의 정교함을 추구할 뿐 신학함(doing theology)의 방법론에는 충분한 관심을 기울이지 않았다. 그 결과 개혁파(the Reformed) 신학의 핵심 주제인 일반은총과 영역주권 등의 연구가 미약해지고, 신학과 타 학문과의 학제적 연구가 메말라버렸다.4) 이는 서구의 정통주의 신학이 걸어간 길이기도 하다. 철학자 도예베르트가 지적한 대로, 17세기 개혁파 신학은 문헌학(philology) 정신에 무릎 꿇음으로 말미암아 16세기 개혁신학의 창의성과 역동성을 잃고 사변적인 개신교 스콜라주의를 낳고 말았다. 동시에 이 시대의 신조주의(confessionalism)는 정치적 지형과 결부되면서 30년 전쟁(1618-1648) 등 극심한 종교 분쟁으로 유럽 사회를 황폐케 하는 요인이 되고 말았다. 그리고 이러한 교리주의에 대한 반작용으로 일어난 경건주의 운동은 영성 회복에는 기여했으나 기독교 신앙의 지성적 차원을 약화시킴으로써 18, 19세기의 계몽사상 등 세속화 운동에 적절히 대응치 못하는 결과를 낳았다.

아직 칼뱅주의를 존중하는 기풍이 남아있는 한국교회에서는 칼뱅 신학의 교의적 결과물만이 아니라 그것을 형성한 신학함의 방법에 더 천착할 필요가 있다고 본다. 어떠한 이념이나 대의도 당대의 질문과 영적 과제에 응답하는 신학사상을 산출하지 못한다면 전통적 명제를 아무리 정교히 논증해 낸다고 해도 살아남을 수 없기 때문이다.

20세기 후반의 복음주의 교회는 마치 삼손과 같이 무력적 영성으로 힘과 외형적 성장만을 추구하다 큰 함정에 빠지고 말았다. 그러나 역사적으로 기독교 복음이 역동성을 갖고 세상을 변화시킨 때는 고대 교부시대나 종교개혁, 퓨리턴의 시대와 같이 강력한 지성적 경건(learned piety/ docta pietas)의 시대였다. 본서가 복음주의 그리스도인들이 자신의 본래의 전통인 칼뱅 신학의 참모습을 인식론과 지성 구조의 차원에서 재발견하는 데 조금이라도 도움이 될 수 있기를 바라는 마음이다.

작은 소산이지만, 우리 시대의 대안적 신학 콘텐츠를 생산하기 위해 애쓰는 청년신학아카데미의 문지웅 목사님과 여러 동료들, <글과 길> 출판사의 김도인 목사님과 이영철 목사님, 아름다운 표지를 그려 주신 노수미 작가, 추천의 글을 써주신 여러 교수님과 동료들, 늘 기도와 사랑으로 든든한 도움이 되어주는 샬롬교회 교우들과 가족들, 그리고 출간을 후원해 주신 素石 선생께 깊은 감사의 말씀을 올린다.

2022년 1월
풍납동 사역센터에서

차 례

II. 인문주의 조류 속의 칼뱅

III. 칼뱅 신학 속의 인문주의

IV. 결론: 신학적 인문주의자 칼뱅

[부록] 칼뱅 연구사

[미주]

칼뱅,
신학과
인문학이
만나다

I.
서론: 르네상스 문화와 종교개혁

서론:
르네상스 문화와 종교개혁

칼뱅은 개신교 신학자 중 대표적이면서도
가장 독특한 신학자로 평가된다.
이 말은 그가 시대의 정신을 뛰어넘으며
동시에 시대의 정신을 누구보다
깊이 체득하고 있었다는 의미로 해석할 수 있다.

1. 두 시대의 접속점 위에 서 있는 칼뱅

칼뱅의 신학과 인문주의의 관계를 이해하려면 종교개혁과 르네상스의 관계를 파악해야 한다. 칼뱅은 종교개혁 신학을 대표하는 인물이며, 인문주의는 르네상스라는 더 큰 문화변동의 중심적 맥락이었기 때문이다. 그리고 칼뱅은 루터파의 지도자 멜란히톤이 그를 가리켜 '신학자 중의 신학자(the theologian)'라고 불렀듯이, 대표적인 개신교 신학자이면서도 동시에 가장 독특한 신학자로 평가된다. 역설처럼 들리는 이 말은 그가 그만큼 시대의 정신을 뛰어넘는 동시에 시대의 정신을 깊이 체득하고 있었다는 의미로 해석해야 할 것이다.

16세기 초의 유럽은 종교와 정치에서는 신·구교로 첨예하게 양분된 종교개혁의 격동기에 접어들었지만, 문화적으로는 아직 전 시대의 연장선에 있었다. 신학사적(神學史的)으로 칼뱅(1509~1564)은 종교개혁의 제2세대에 해당한다. 그가 종교개혁자로서 활동한 시기는 《기독교 강요》의 초판이 나온 1536년을 기점으로 보아야 할 것이다. 루터(Martin Luther, 1483~1546)의 세대는 1517년의 95개조 반박문과 이후의 주요한 논쟁 문서들로써 교황청의 신학적 이데올로기에 대하여 영웅적인 돌파를 이루어내고, 제후들의 지지를 이끌어내면서 개신교 진영의 정치적 입지는 확보하고 있었지만 신학사상의 체계와 교육적 프로그램은 아직 충분히 형성하지 못한 상태에 있었다. 칼뱅은 이러한 과업을 수행하며 종교개혁 운동을 유럽 전역으로 국제화시켜야 할 시점에 서 있었다.

한편, 문화사적(文化史的)으로는 칼뱅은 르네상스에 속한 인물이었다. 에라스뮈스(Desiderius Erasmus, 1466~1536), 기욤 뷔데(Guillaume Budé, 1467~1540), 르페브르 데따플(Jacques Lefèvre d'Étaples, 1450?~1537) 등 복음적 인문주의자들과 왕립 인문학 강좌(Lecteur Royaux, 후에 꼴레쥬 드 프랑스)로 대변되는 프랑스 인문주의의 전성기에 파리, 몽떼귀, 부르쥬, 오를레앙 등에서 고전학과 법학으로 최상의 교육을 받았으며 자신의 처녀작인 세네카의 《관용론 주석》을 자비출판까지 한 전형적인 인문학자였다.5)

그러므로 칼뱅은 르네상스와 종교개혁의 두 요소를 온몸으로 반영하는 인물이라 하는 것이 정확한 표현이 될 것이다. 따라서 칼뱅 신학의 통전적 구조를 이해하기 위해서는 두 시대의 연관성을 파악하는 작업이 필히 선행되어야 한다.

가) 르네상스와 종교개혁의 관계

르네상스와 종교개혁 사이의 연속성과 불연속성을 분별하기 위해서는 르네상스 문화의 외적 양상만이 아니라, 그 속에 깊이 내포된 종교적 경향성(deep tendency)과 세계관적 지향의 변화를 통찰할 수 있어야 한다.

르네상스와 종교개혁의 관계에 대한 탐구는 몇 가지 의미 있는 질문을 내포하고 있다.

첫째, 르네상스와 종교개혁을 연결해 주는 가장 중요한 지적 고리를 인문주의라고 볼 때, 르네상스 인문주의의 본질은 무엇인가? 그것은 하나의 철학적·종교적 신조인가, 아니면 하나의 정신적 태도와 학문적 방법론에 해당하는 것인가.

둘째, 이탈리아 르네상스와 북유럽 르네상스는 전적으로 이질적이었는가, 아니면 르네상스는 전 유럽적인 통일성을 갖는 것인가? 다시 말하여 르네상스와 종교개혁의 연속성은 단지 성서와 교부 문헌들을 복원한 북유럽의 크리스천 인문주의에만 해당하는가, 아니면 전 유럽에 걸친 르네상스 문화가 지닌 일반적인 경향성에 의한 것인가?

셋째, 직접적으로 종교적 성격을 갖지 않고 출발한 르네상스의 문화운동이 종교개혁이라는 광범위하고 심층적인 종교의 변혁과 어떠한 연관성을 가질 수 있었는가?

이처럼 르네상스와 종교개혁 사이의 연속성과 불연속성을 분별하기 위해서는 르네상스 문화의 외적 양상만이 아니라, 그 속에 깊이 내포된 종교적 경향성(deep tendency)과 세계관적 지향의 변화를 통찰할 수 있어야 한다.

나) 르네상스의 두 조류: 텍스트의 발굴, 그 이상의 것

이에 대한 해명을 얻기 위해서는 르네상스의 두 조류를 파악해야 한다. 통상적으로 르네상스와 종교개혁의 관련성은 르네상스 문화의 지적 맥락인 인문주의, 그중에서도 북유럽의 인문주의 운동을 중심으로 이해되어왔다.

즉, 르네상스의 본고장인 이탈리아의 인문주의자들이 중세의 신 중심적 세계관에서 인간 본위의 세속주의적 세계관을 지향하며 미학적 문예를 발달시킨 것과 달리 북유럽의 인문주의자들은 고전 고대(classical antiquity)에 대한 관심을 종교에 적용하여 성서와 교부 문헌 등을 복원하고 번역함으로써 종교개혁 신학의 원천 텍스트를 제공했고, 이것이 종교개혁의 발발에 기여했다는 이해이다.

이러한 견해는 르네상스와 종교개혁의 관계에 대해서 기본적인 사실들을 지적해 주고는 있으나 르네상스와 종교개혁의 연관성을 에라스뮈스적 인문주의 한 가지에만 국한하여 설명하는 취약점을 갖고 있다. 르네상스와 종교개혁의 연관성을 이 맥락만으로써 설명하는 것은 르네상스 문화의 더 깊은 경향성과 전 유럽적인 통일성을 파악하지 못한 것이다. 그리고 르네상스와 종교개혁의 관계를 문헌학 수준의 고전연구에 국한하는 폐단이 있다.6)

이것은 단순히 역사상의 한 시대에 대한 이해를 빈약하게 할 뿐만 아니라 르네상스와 종교개혁이라는 두 역사적 운동의 상관관계를 파악하지 못하게 한다. 그로 인하여 인문주의 학문이 신학에 미치는 영향, 문화적 차원의 변동이 가져오는 종교적 변화의 가능성에 대한 통찰을 가로막는 결과를 가져왔다.

다) 르네상스 문화 심층의 경향성

> 종교개혁은 르네상스 시대에 발생한 문화변동에 대한 종교적 응답이었다. 바꿔 말하면 종교개혁은 르네상스 문화가 지향했던 변화의 종교적 성취라는 의미였다.

르네상스와 종교개혁의 상관성을 이해하기 위해서는 문헌학이나 사회사적 차원을 넘어서서 르네상스의 세계관과 문화의 심층적 변화를 통찰하려는 접근이 요구된다. 그리고 이러한 연구에서 중심이 되어야 할 것은 인문주의자들의 저작이나 교육적 활동보다 더 깊고 포괄적인 르네상스 문화의 경향성이다. 왜냐하면 종교개혁은 르네상스 문화의 저류에 존재하는 종교적 도전과 갈망, 즉 르네상스 시대에 발생한 문화변동에 대한 종교적 응답이었기 때문이다. 바꿔 말하면 종교개혁은 르네상스 문화가 지향했던 변화의 종교적 성취라는 의미였다.

이러한 관점은 종교개혁을 가능케 한 요인이 단순히 르네상스 시대의 인문주의 학문에 힘입은 성서 텍스트와 초기 교부 문헌의 재발견이라는 논지보다 훨씬 넓고 함축적 성격을 갖고 있음을 이해하게 해 준다. 즉, 르네상스와 종교개혁의 연관성을 파악하기 위해서는 르네상스 문화에 내재해 있던 종교적 차원의 독특한 속성을 이해하는 것이 필요하다.

2. 르네상스 문화를 가능케 한 사회적 변동과 관념의 변화들

그러면, 르네상스 시대 유럽 정신의 변화의 본질은 무엇이었는가? 르네상스는 교황제와 보편교회가 대표하는 중세의 질서를 거부하고 인간과 세계에 대한 새로운 전망(vision)을 학문과 예술, 종교의 전 영역에서 추구하는 세계관 전반의 운동이었다. 그 속에는 기존의 중세적 이념의 해체만이 아니라 새로운 질서를 갈망하는 함의가 담겨있었다. 그러나 중세의 우주관을 대체할 만한 자체의 명백한 우주관을 성립시키지 못했다는 것이 르네상스 문화의 특성과 한계이다.

르네상스의 정신과 세계관의 특성을 알기 위해서는 그것을 가능케 한 역사적 변동을 먼저 살피는 것이 필요하다. 어떠한 사상이나 세계관도 그것을 표현하는 언어적 명제나 개념을 분석할 뿐만 아니라, 그것이 형성되고 작용한 구체적 과정을 고찰해야만 실체를 파악할 수 있기 때문이다. 이것은 칼뱅 등 종교개혁자들의 사상을 고찰하는 데도 적용되어야 할 역사적 연구 방법의 요체이다.[7]

14, 15세기 유럽 문명에 근본적인 변화를 가져온 르네상스는 점진적으로 누적된 사회적·정치적 변동의 결과였다. 경제

는 지리상의 발견과 국제무역의 확대로 말미암아 농업보다 점차 상업에 의존하게 되었으며, 정치구조는 보편적 권위에서 벗어나 자기주장을 갖는 지역적인 정치 세력들로 재편되었다. 특히 이탈리아 도시국가들을 중심으로 교육받은 평신도들은 사회적 지배력에서는 성직자의 감독하에 있으나 점차 자신의 지위와 결정권을 주장하면서 사회 전반에 대한 영향력을 확보해 가고 있었다.

이러한 변화는 세계 속에서 인간의 위치와 함께 세계 자체에 대한 새로운 전망(vision)을 낳을 수 있는 사회적 기반이 되었다.8) 인간과 세계에 대한 르네상스 시대의 새로운 비전은 우주관, 인간관, 그리고 그로 말미암아 형성되는 종교관의 변화로 나누어 볼 수 있다.

가) 우주론적 보편체계의 부정과 새로운 질서의 요구

사회정치적 변동은 심리적·세계관적 변화를 가져온다. 이로써 인간 행동은 종교를 중심으로 한 질서로부터 자유롭게 되면서 다양한 영역에서 창조성을 갖게 된다. 이 변화는 정치를 궁극적 질서에 매이지 않는 독립된 영역이 되게 했고 국가는 하나의 예술품으로, 제후는 예술가 같은 존재가 되게 했다.9) 이같이 국가를 종교적 질서가 아닌 일종의 예술적 영역으로 규정한다는 것은 이미 전반적인 세속화 과정이 진행되고 있었음을 의미한다. 이는 르네상스 문화가 예술과 문학의 영역 이상으로 확장되어 있었음을 상기시키는 것이다.

르네상스 정신의 특징으로서 뺄 수 없는 것은 체계적인 사변 철학과 위계 제도의 거부이다. 르네상스는 중세의 신비주의와 대조되는 고대의 합리주의를 다시 천명한 사건으로 해석되곤 하지만, 이는 부정확한 설명이다. 이미 토마스 아퀴나스를 비롯한 13세기 지성계의 지도자들은 그리스 철학에 뚜렷한 호의를 가지고 그것과 계시의 조화를 추구했다. 르네상스 문화는 바로 그러한 조화의 가능성과 그것을 강요하는 스콜라주의를 부인했다.10)

스콜라주의에 대한 르네상스 시대의 공격은 특정 이슈에 대한 것보다 더 넓은 함의가 있는데, 그 요체는 체계적 철학에 대한 부정이었다.11) 이것은 이탈리아에만 국한된 것이 아니었다. 그리고 이러한 변화로 말미암은 개인화는 종교적 국면에서 교황제의 통일적 위계제와는 다른 새로운 신앙 개념을 요구하고 있었다.

나) 형이상학과 위계적 질서의 거부

형이상학적 사변에 대한 공격은 곧 현실에서 위계질서에 대한 공격으로 이어진다. 중세의 스콜라적 위계질서는 모든 실체의 내적 구조를 형이상학적 관념들에 따르게 했었다. 위계제에 대한 공격이란, 예를 들면 출생에 의해 결정되는 정적(靜的)인 귀족제를 덕에 의해 결정되는 동적(動的)인 귀족제로 대체하는 것이었다.

하지만 그렇다고 해서 르네상스 시대가 질서의 필요성을 망각한 시대는 아니었다. 오히려 이 시기의 역사적 변동 속에서 질서의 문제는 가장 급박한 현안이었고, 그 때문에 질서는 형이상학적 사안이 아니라 실제적인 현실의 과제였다. 따라서 질서는 천상의 것이 아니라 땅의 것으로, 인간이 다루는 방법으로 정의되어야 했다. 이것은 마키아벨리와 그의 정치적 후계자들에게만 해당하는 것이 아니었다. 르네상스 시대에 시도된 수많은 헌정 제도상의 실험들은 이것으로 말미암은 것이었다. 12)

또한 그러한 과정에서 새로이 등장한 정치적 주체들과 비성직자층의 요구는 전통적 질서의 위계 관념을 잠식하기 시작했다. 이러한 추세들에서 특기할 점은 이것이 이탈리아에만 국한된 것이 아니었다는 사실이다.13) 그리고 이러한 변화로 말미암은 개인화는 종교적 국면에서 교황제의 통일적 위계제와는 다른 새로운 신앙 개념을 요구하고 있었다.

다) 르네상스 시대 인간관의 전환

흔히 인간의 재발견, 또는 인간과 신에 관한 새로운 탐구라고 칭해지듯이 르네상스의 정신에서 인간에 대한 견해의 변화는 가장 주목할 만한 점이다.14) 중세의 '관상적 삶(vita contemplativa)'에 대한 이상은 의지와 정념(passion), '행동적 삶'(vita activa)의 추구로 전환된다. 르네상스의 시대정신과 문화를 구성하고 있던 세계관에서 인간이란 활동적이고 사회성을 본성으로 하는 존재였다. 그리고 세상 속의 삶에서는 공동체에의 참가가 중요한 비중을 차지하며, 인간들의 관계에서 갈등과 변화란 떠날 수 없는 것이었다.15)

이러한 인간관의 변화가 가져온 중대한 결과는 관상적(contemplative) 삶의 이상이 붕괴해 갔다는 것이다. 이성은 취약하고 의지가 강한 것이라면, 인간은 세상 속에서 오직 행동으로써만 자기를 실현할 수 있다. 실로 인간은 행동적 삶을 위하여 의도된 존재이다.

이와 함께 또 하나의 변화는 몸(body)에 대한 부정적 심리가 해소되었다는 점이다. 과거 이성 중심의 심리적 위계질서가 사라짐에 따라 몸은 더는 비천한 경멸의 대상이 아니었다. 행동에는 몸이 필요하다. 새로운 전인적 인간관은 인간이 가진 악의 성향을 육체적이고 감각적인 차원의 탓으로 돌리지 않을 가

능성을 제공해 주었다. 인간의 정념 역시 행동의 원천으로서 긍정적인 가치를 확보하게 되었다.16)

중세의 '관상적 삶(vita contemplativa)'에 대한 이상은 의지와 정념(passion), '행동적 삶'(vita activa)의 추구로 전환된다. 르네상스의 세계관에서 인간이란 활동적이고, 사회성을 본성으로 하는 존재였다.

사회적 존재로서의 인간

르네상스 문화 속에서 인간은 사회적 존재로서 정의되었다. 인간은 우주적 위계 속에 처한 인류의 한 구성원이라는 추상적 지위만이 아니라, 또 하나의 더 만족스럽고 감각될 수 있는 공동체에 소속됨을 얻게 되었다. 이는 보편교회라는 신적인 공동체만 아니라 다른 인간적 공동체도 전적으로 그 가치를 인정받게 되었기 때문이다.

이제 인간의 덕은 추상적 관념이 아니라 타인과의 관계에서 작용하는 기능에 의하여 규정되었다. 관상적 존재로 제한되지 않게 된 인간의 덕과 가치는 활동적이고 사회적으로 책임 있는 삶에서만 충분히 표현될 수 있었다. 한 걸음 더 나아가 효과적인 사회적 참여의 삶을 살기 위해서는 일정한 부가 필요하게 되었고, 이러한 관념은 중세의 금욕주의에 또 하나의 타격을 가하게 되었다.17)

사회적 존재로서의 인간의 삶에서 피할 수 없는 것은 대립하는 이익의 갈등이었다. 그런데 이것은 절대적인 선악의 대립으로 환원되기 어려울 때가 많았다. 그러므로 세상 속에 있는 인간의 삶이란 인간이 제아무리 필사적으로 갈망한다고 할지라도, 그것은 쉼이 아니라 끊임없이 이어지는 도덕적으로 모호한 전투의 연속이었다. 그러므로 지상의 삶은 모든 국면에서 변화를 인정해야만 하는 것으로 이해되었다.[18]

라) 르네상스의 인간관과 수사학적 문화

이러한 삶의 비전, 즉 활동적이고 사회적인 인간의 본성, 공동체의 가치, 피할 수 없는 갈등과 변화 및 상대적인 삶의 가치 인식을 가장 효과적이고 철저하게 반영하는 것은 르네상스의 수사학적 문화이다. 이 시대의 인간관은 태도에 있어서 원숙하고, 언어 구사에 유창하며, 세상일에 유능한 사람을 이상형으로 제시했다. 그뿐만 아니라, 사회적인 삶을 이어주는 가장 본질적 매개 행위인 의사소통(communication)의 능력에 대해 각별한 관심을 품게 했다.

여기서 의사소통의 목적은 절대적인 지혜를 전달하는 것이 아니라 인간의 정신이 도달할 수 없는 구체적이고 실용적인 목표를 달성하는 것이었다. 그러한 의사소통은 무엇보다도 설득력을 갖고 있어야 했다. 그것은 단순히 생각에 확신을 줌으로써가 아니라 정념을 움직임으로써 의지에까지 영향을 미쳐야 했다. 인문주의자인 웅변가들은 의지에 의해 동기가 부여되는 인간 개념에 정초하였는데, 여기서 의지가 갖는 힘은 정념에서 말미암는 것이었다.

이 시대에 설득(persuasio)은 각별한 의미를 갖는데, 설득이 필요했다는 사실은 위계 제도의 명령계통을 통한 권위와 강압이 아니라 개인의 내적 동의로써 통제되는 사회가 되었음을 의미한다. 이탈리아 인문주의의 수사학 문화가 공화국들에서 최고도의 성취를 이룬 것은 우연이 아니었으며, 지역의 토착어 (vernacula)의 사용이 발달한 것도 광범위한 의사소통의 필요성 때문이었다.19)

마) 새로운 인간관에서의 이상적 그리스도인

르네상스 문화 속에서 인간을 기본적으로 의지와 정념에 의하여 움직이는 피조물로 보게 되었을 때, 지성적인 주장은 숨은 동기를 은폐하거나 미화하기 위한 것이었고, 교리는 독재의 도구로 간주될 뿐이었다. 또한 명상적인 한적함은 활동적인 인간의 본성에는 부적절한 것일 뿐 아니라 타인의 복리를 위한 책임을 거부하는 것이었으므로 르네상스의 변화된 문화

속에서 이상적인 그리스도인의 삶의 형태는 다시 정의되어야
했다.[20]

이 시대에는 내세를 지향하는 명상과 금욕적 수양보다 인간의 현실적인 문제에 봉사하는 그리스도인 상(象)을 높이 평가하였으며, 영적 세계의 구조나 신비에 대한 탐구보다는 현실에서 종교의 가치를 훼손하는 개인적·교회적 윤리의 타락을 개선할 도덕성과 덕을 강조했다. 이처럼 인간의 현실적 문제를 이해하고 해결하려는 자세는 신앙 자체만을 신비적·관념적으로 추구하는 것이 아니라 인간과 세계에 대한 이해와 탐구를 중시하게 했다. 기독교 인문주의자들은 실증적 학문 방법론과 고대의 지혜를 탐구하는 이 시대의 새로운 그리스도인 상(像)의 하나가 된다.

이 새로운 인간관은 신학적으로도 구원의 문제에 변화를 가져오게 했다. 즉, 죄의 문제를 다룸에 있어서 보다 근본적인 개념을 갖게 한 것이다. 이제 인간은 이성적 논리나 신성에 더 가까이 가 있는 다른 인간의 중재(mediation)를 의지하지 않게 되었다. 인간의 구원은 하나님과의 직접적인, 그리고 개인적이며 인격적인 관계에 달린 것이었다. 이것은 종교개혁이 제시하게 될 '오직 믿음에 의한 구원(이신칭의론)'과 '만인제사장론' 등 개신교의 핵심 교의를 받아들일 수 있는 신학적 사고의 범주가 형성되는 과정이라고 할 수 있다.

바) 르네상스 문화 속의 종교적 동인과 그 한계

르네상스의 다양한 양상에 관하여는 그 자체로 방대한 독
립적인 연구가 필요하지만, 종교개혁과의 연관성에 있어서 주
요한 논점은 르네상스 시대의 종교성과 세속성에 관한 것이
다. 계몽주의 시대의 역사가들과 19세기의 부르크하르트(Jacob
Burckhardt, 1818~1897) 이래로 르네상스는 주로 중세로부터의 단
절과 세속성의 발현이라는 관점에서 이해되어왔다. 르네상스
는 그리스-로마의 고전에 근거한 학문과 예술의 발달, 인간의
능력과 존엄성에 대한 각성 등을 특징으로 하여 형이상학적으
로나 현실 사회질서에 있어서 중세의 제도 종교에서 벗어나려
는 경향을 강하게 띠었기 때문이다.

그러나 반면에 르네상스의 종교성, 구체적으로 르네상스
문화의 주역들인 인문주의자들의 종교성에 관해서는 부정적
인 평가로 단순화할 수 없는 측면들이 대단히 많이 발견된다.
르네상스사 연구에 지대한 업적을 남긴 크리스텔러(P. O. Kristeller,
1905~1999)는 르네상스 시대에 인간관의 새로운 지평을 제시한
인문주의자들이 여전히 종교적 세계관을 견지하고 있었음을
지적하면서, 르네상스는 기독교적 운동이었음을 주장한 바 있
다.21)

예를 들어, 페트라르카(Francesco Petrarca, 1304~1374)는 고전철학

에서 발견한 도덕적 가치를 예찬하고 선전했으나 그 이상으로 나아가지는 않았다. 그는 신의 은총에서 비롯되는 구원의 신념 안에서 자기 회의와 절망을 극복하려 한 독실한 기독교도였다. 그는 고전문학 속에서 기독교적 도덕을 찾아내려고 노력했으며, 자신을 찾아온 아베로에즈 추종자의 반기독교적 태도를 신랄히 비난한 바 있다.22)

살루타티(Coluccio Salutati, 1331~1406)는 당시의 교회와 성직자가 피렌체 사회에 미치는 영향력에 대하여 회의적이었으나, 자신의 저서에서는 신의 절대적 힘을 자주 운위하고, 운명도 우주의 만물을 통제하고 지배하는 섭리 안에 존재하는 것이라고 설명한다.23) 이러한 경향은 피렌체에서 사보나롤라(Girolamo Savonarola, 1452~1498)에 의한 신앙의 부흥 운동이 거세게 일어났다는 사실에서도 미루어 짐작할 수 있다.

물론 이러한 사례들에도 불구하고 종교는 지배적 동기로서의 지위를 상실하고, 사람들을 한 데로 묶는 공동의 끈의 기능을 점차 잃어 가고 있었다. 종교 생활은 일종의 관습적이며 형식적인 일로 변해갔으며 기독교는 점성술, 미신과 나란히 존재했다. 다만 르네상스의 세속주의적 성향과 함께 병존한 종교적 국면들을 통하여 주지해야 할 것은 이 시대의 사람들이 중세적인 종교관, 즉 중세 카톨리시즘으로 표현된 기독교의 세계관을 탈피하고자 했다고 해서 그것이 곧 전적인 반종교 내지

탈 종교화는 아니었다는 사실이다.

르네상스인들이 중세적 종교, 당시의 카톨리시즘을 부정한 데에는 새로운 종교에 대한 갈망과 추구의 도전이 함의되어 있었다. 따라서 종교개혁은 기독교 신앙을 르네상스 시대의 인간과 세계에 대한 새로운 인식들과 소통할 수 있도록 재정의하는 과정이었다고 말할 수 있다. 이것은 이탈리아나 북방유럽의 구별 없이 전 유럽에 걸쳐 광범위하게 점진적으로 진행되고 있었으며, 인문주의자라고 불리는 사람들만이 아니라 중세 후기의 스콜라 진영에 속한 학자들도 독립적으로 시대의 저변에 흐르는 기류들을 표면으로 끌어 올리며, 신학을 그것들에 조화시키기 위한 작업을 수행하고 있었다.

그러나 르네상스의 종교성에 관한 결론적인 평가는, 그들의 종교성이 실제 현실에서 종교적 변혁을 이루는 동인으로 작용하기에는 충분치 못했다는 것이다. 인문주의자들에게는 신학적 관심이 부재하였으므로 자신들의 종교적 비판이 갖는 함의를 충분히 발전시킬 수 없었다. 그들은 기독교와 도덕적으로 건강한 문명을 동일시하였으나, 그리스도인들을 은총의 영역속으로 이끌지 못하고 다만 인간 속에 있는 신성의 섬광(spark)을 찬양하는 것에 그치는 한계를 지니고 있었다.24)

특히 이탈리아에서 르네상스 문화가 종교적 변혁으로까지 나아가지 못한 데에는 신학적 관심과 역량의 부족 외에 사회

정치적 변동이 종교적 변화를 위한 사회심리적 압력을 제거했다는 이유가 있다. 외국의 침입과 전쟁이 계속됨으로 사회가 전반적 불안 속에 처했고, 무력감의 증대로 인하여 자유는 기회가 아니라 위협으로 나타났다. 그로 인한 독재정치의 확대는 시민 생활의 긍지를 감소시키고 귀족제와 계층적 사회질서를 조장했다. 그러는 동안에 교황의 전횡을 억제할 수 있었던 공의회 시대는 지나가고 교황권이 회복됨으로써 과거의 우주론적 지식, 위계적 원리, 성직자의 우위성을 다시 주장하게 되었다.

따라서 르네상스의 종교적 불안은 기독교 인문주의자들의 적극적인 종교저작 활동과, 곧이어 나타날 개혁자들의 독특한 영적 체험과 신학적 돌파를 기대하게 했다. 전자는 에라스뮈스(Desiderius Erasmus, 1466~1536), 르페브르 데따플(Jacques Lefèvre d'Étaples, 1450?~1537) 등으로 대표되는 성서 원전과 교부 저작의 문헌학적 복원과 번역작업이었으며, 후자는 마틴 루터(Martin Luther, 1483-1546)에 의한 이신칭의 교리의 재발견과 그것을 천명하는 불굴의 신앙투쟁을 의미한다. 종교개혁의 제2단계는 루터에 이은 칼뱅에 의해 더욱 포괄적인 체계와 수사학적 호소력이 결합한 개신교 신학으로 발전하며, 철저한 교육적 과정에 의해 진전된다.

II.
인문주의 조류 속의 칼뱅

인문주의 조류 속의 칼뱅

르네상스 인문주의가 종교개혁의 발생과 전개에 미친 영향을 파악하려는 연구자들에게 칼뱅은 우선적인 관심 대상이다. 그 이유는 칼뱅은 종교개혁 신학을 정립하는데 다른 어떤 개혁자들보다 더 지대한 역할을 한 신학자이면서, 동시에 프랑스 르네상스의 황금기에 인문주의 학문과 교육의 중심부에서 성장하며 자신의 정신과 사상을 형성한 인물이기 때문이다.

인문주의는 르네상스의 문화변동과 종교개혁의 신학적 갱신을 연결해 주는 가장 중요한 지적 고리이다. 여기서 종교개혁자로서의 칼뱅과 르네상스 인문주의의 관계에 대한 해석은 상당 부분 인문주의를 어떻게 정의하는가에 달려있다.25) 인문주의는 르네상스 운동의 근원지인 이탈리아나 에라스뮈스로 대표되는 북유럽을 막론하고 전 유럽적인 광범위한 현상이었다. 또한 같은 시대의 다른 사조들과의 관련 하에 복합적 양상을 띠었기에 구체적으로 정의하기가 쉽지 않다.26)

본서에서는 르네상스 시대 인문주의의 역사적 실체를 파악하기 위해 당시 학문과 교육 운동의 성격을 띠고 나타난 인문주의의 사회적 현상과 인문주의 사조가 뿌리박고 있는 고대의 수사학 전통, 당대의 경쟁적 사조라고 할 수 있는 스콜라주의와의 비교 등을 통해 살펴보고자 한다.

1. 인문주의의 개념과 성격

가) 인문주의의 어원적 정의

칼뱅 외에도 쯔빙글리(Ulrich Zwingli, 1484~1531), 멜란히톤(Philipp Melanchthon), 그리고 때로는 루터(Martin Luther)에 이르기까지 대다수의 종교개혁자가 가진 인문주의적 성격을 지적할 때마다 야기되는 오해와 혼란이 있다.

종교개혁자들은 오직 믿음(sola fide), 오직 은혜(sola gratia), 오직 성경(sola scriptura)이라는 3대 원리가 보여주듯 중세 카톨릭 신학에서 모든 인간적 요소를 배제하고 순수하게 신본주의적 신앙과 경건을 추구한 신학자들인데, 어떻게 그들의 신학에서 인간적 학문과 문화인 인문주의의 영향을 주장할 수 있느냐는 소박한 의문과 소모적인 논쟁이 있었다.

특히나 인문주의는 인본주의와 동의어로 쓰이는 용례가 있으므로, 이러한 개념상의 혼란을 해결하기 위해서는 인문주의의 개념 자체를 언어적 배경과 역사적 맥락에서 밝히는 작업이 필요하다.

1) 인간성(후마니타스), 인문학(스투디아 후마니타티스)

인문주의는 영어의 휴머니즘(humanism), 불어의 humanisme, 독일어의 humanismus의 번역어이지만, 한국어에서는 문맥에 따라 인간주의, 인본주의, 인간중심주의 등으로 다양하게 번역되어왔다. 이는 의미상 타당한 선택이지만, 일반 독자들에게는 다의적이고 모호한 개념이라는 인상을 준다. 일차적으로, 넓은 의미의 휴머니즘은 인간의 가치와 존엄을 강조하고 인간의 삶과 조건에 우선적으로 관심을 두는 사상과 사조를 가리킨다.27)

그러나 인간의 조건과 가치에 대한 견해는 어떤 전제와 관점을 취하느냐에 따라 달라지기 때문에 휴머니즘이라는 용어는 시대마다 다른 의미를 갖고 사용되곤 했다. 르네상스 시기의 크리스천 휴머니즘과 같이 종교적 기반을 지닌 휴머니즘이 있었는가 하면, 20세기 후반에 미국의 존 듀이 등이 제창한 '휴머니스트 선언(Humanist Manifesto)'은 철저한 탈종교를 표방하며 학문과 사상의 세속주의를 주장했다. 그 외에도 연관된 학문과 사조에 따라 문학적 휴머니즘, 과학적 휴머니즘, 실존주의 휴머니즘, 실용주의 휴머니즘 등 적당한 수식어만 붙이면 휴머니즘의 종류는 무수히 생겨날 수 있다.

그러나 좁은 의미의 휴머니즘은 서양의 근대문화와 지적 전통을 형성하는 데 중요한 요소가 된 14, 15세기 르네상스의 휴머니즘을 뜻하는 것으로 이해하는 것이 일반적이다.28) 그리고 르네상스의 휴머니즘을 지칭할 때는 그것이 이것이 고대의 '파이데이아(paideia)'-인문적 교양을 통한 인간성의 함양-의 이념에 가장 충실한 정신이었으며, 학문과 교육, 문화의 운동이었다는 점에서 인문주의로 번역하는 것이 타당하다고 본다.29)

르네상스와 종교개혁 시대에는 휴머니즘(영어의 humanism이나 독일어의 humanismus)이라는 말이 없었다. 인문주의의 내용인 교양학문을 가리키는 '스투디아 후마니타티스(studia humanitatis)'라는 용어라든지, 그것을 가르치는 교사나 배우는 학생을 뜻하는 라틴어 humanista(이탈리아어 umanista, 영어의 humanist)라는 어휘는 이 시대에 쓰이고 있었으나, 오늘날의 인문학적 사조 및 정신적 태도를 가리키는 뜻으로 휴머니즘이라는 말이 처음 쓰인 것은 1808년 독일에서였다.30)

독일의 교육학자인 니이타머(Friedrich.I. Niethammer, 1766~1848)가 《현대 교수법 이론에서 휴머니즘과 박애주의의 논쟁》(Der Streit des Humanismus und Philanthrophismus in der theorie des Erziehungsunterricht unsere Zeit, Jena, 1808)에서 중등학교의 인성교육을 위한 고전교육을 강화할 필요를 역설하기 위하여 새로 만든 용어가 휴머니즘이었다.31) 이 사실은 인문주의로 번역되는 르네상스 휴머니즘이 흔히 '이즘(ism)'이라는 말이 함축하는 이데올로기적 신조의 성격을 가진 것은 아니었음을 시사해 준다. 앨런 블록(Allan Bullock)이 주장하듯이 르네상스의 인문주의는 광범위한 정신적 경향에 해당한다고 할 수 있다.32)

한편 르네상스 시대의 인문주의가 고전학문의 교육과 긴밀한 관계가 있다는 것은 당시 인문주의자를 뜻하는 라틴어 '후마니스타(humanista)'와 이탈리아어 '우마니스타(umanista)'라는 말에서 잘 드러난다. 이 단어들이 발생한 시기는 15세기 후반이었다. 이 말은 당시 이탈리아 대학의 학생들 사이에서 통용되었던 일종의 은어로서 고전어와 고전문학을 가르치는 대학 교수나 중등학교의 교사들을 가리켰다. 이 단어는 16세기에는 가르치는 사람만이 아니라 고전 학문을 배우는 학생과 연구자들에게도 확대 적용되었다. 그 당시 시민법 교수를 '레기스타(legista)', 교회법 교수를 '카노니스타(canonista)'라고 부른 것처럼 고전 학문에 바탕을 둔 학과목인 스투디아 후마니타티스(studia humanitatis)를 가르치는 사람을 '후마니스타(humanista 또는 umanista)'라고 했다.33)

그러면 '스투디아 후마니타티스'는 무엇인가? 여기서 스투디아 후마니타티스는 오늘날의 인문학(humanities)으로 번역될 수 있는 것으로서 후마니타스(humanitas), 즉 인간성 또는 인간다움을 연구하고 가르치는 학문이다. 서양 전통 속에서 더욱 중요한 것은 이 말이 그리스어의 파이데이아(교양, 교육, 함양)를 로마인들이 라틴어로 옮긴 것이라는 사실이다. 라틴어에서는 후마니타스를 야만, 즉 '바바리타스(babaritas)'에 반대되는 교양, 교육, 학식, 학문이라는 뜻으로 사용했다.

그러므로 인간성과 인간다움을 소유한 사람이란 곧 교양 있고 학식 있는 사람을 의미했다. 학식 있고 교양 있는 사람만이 야만에서 벗어난 '사람다운 사람(homo humanus)'이 될 수 있으므로 교양이야말로 인간의 덕성과 수월성을 가늠하는 척도가 되었다.[34]

2) 키케로의 '후마니타스(humanitas)'

고대의 라틴 작가 중 '후마니타스(humanitas)'라는 말을 가장 많이 쓴 사람은 로마의 웅변가이며 수사학자인 키케로(Marcus Tullius Cicero, B.C. 106~B.C. 43)였다. 이것은 인문주의가 학문으로서는 수사학과 연결되고, 그리고 실제 기능으로서는 웅변과 깊이 연결되는 이유를 설명해 주는 사실이다.

키케로는 이상적 인간상을 웅변가에서 찾았다. 키케로는 훨씬 고대의 이소크라테스(Isokrates, B.C. 436~338)의 전통에 따라 웅변을 단순히 능란한 언변이 아니라 지혜와 수사학의 결합으로 보았다. 웅변가는 폭넓은 학식과 경험 그리고 남을 설득할 수 있는 능력이 있어야 했다. 그래야 남을 선도하고 남에게 덕행을 권장할 수 있기 때문이다. 그런 관점에서 후마니타스에 관한 연구와 교육이야말로 웅변가의 육성에 가장 적합한 교육이었다. 그는 후마니타티스를 가리켜 인간 정신을 고귀하고 완전하게 해주는 학문이며 인간에게 가장 가치 있는 연구라고 찬양했다.35)

고대에서 적극적으로 찬양받았던 후마니타스는 중세에서 부정적으로 평가되었다. 왜냐하면 '후마니타스'는 중세인들이 추구하는 '디비나티스(divinatis, 신성)'에 대비된 개념이었기 때문이다. 중세 기독교 신학의 관점에서 본 인간은 타락하기 쉬운 연약한 존재에 불과했고, 따라서 인간적인 것에 치중하면 할수록 그것은 신에게서 멀어지는 것을 뜻했다. 이처럼 고대에서 인정받았던 인간의 현세적 영광은 공허한 것이 되어버렸으므로 인문 교육과 교양 교육도 제대로 평가받을 수 없었다.

이러한 후마니타스에 대한 고대의 개념이 부활하고 인문학이 활기를 띠게 된 것은 바로 르네상스 시대에 들어서였다. 르네상스의 인문주의자들은 키케로 전통의 영향을 받아 후마니타스를 '인간의 품위에 가장 잘 어울리는 교양'으로 정의하고 이에 대한 학문인 '스투디아 후마니타티스(studia humanitatis)'를 매우 중시했다. 15세기의 대표적인 인문주의자인 부르니는 스투디아 후마니타티스를 가리켜 '인간을 가장 완전하게 만들어주는 최고의 학문'이라고 주장했고, 베리제리오는 '인간의 정

신을 고귀하게 하고 신체의 재능을 최고도로 발휘하게 하는 학문'이라고 강조했다.36)

나) 인문주의의 사회적 상황

1) 인문주의자들의 활동공간

르네상스에서 종교개혁으로 이어지는 시기에 인문주의는 새로운 정신풍토를 형성하는 지적 유행이며 교육과정이었다. 이 운동의 사회적 양상은 한편으로는 에라스뮈스나 기욤 뷔데 등의 학자들과 베니스의 알도 마누지오, 바젤의 요하네스 프로벤 등과 같은 출판업자, 그리고 교황 레오 10세, 프랑스의 국왕 프랑수와 1세 같은 후원자들이 관여하는 높은 수준의 학문 세계를 가리키며, 다른 한편으로는 10대 소년들이 라틴어와 그리스어에 골몰하는 영국의 문법학교나 예수회 대학들, 개신교 교육기관의 단조로운 세계를 가리킨다. 인문주의는 매우 다양한 양상을 가졌지만, 기본적으로 고전교육을 받은 엘리트들이 공유하는 지적 문화였다.

또한 특기할 점은, 교리적 차이로 분열된 유럽의 카톨릭과 개신교 사이에 공통의 언어를 제공하는 가교의 역할을 하기도 했다는 사실이다. 이 교육을 받은 사람들은 대학 교수나 작가로 입신했고, 그중 더 유능하고 연줄이 있는 사람은 교회나 국가의 주요 공직을 차지했다. 토마스 모어, 윌리엄 세실, 야콥 슈트룸 등과 같은 사람들이 전자였고, 나머지는 법률가, 일반 성직자, 비서, 관리, 교사 등이 되었으며, 도시 원로의 자제나 향사, 소귀족, 상인, 자영농의 자제들은 지적 훈련을 접고 영지 관리나 상업에 종사했다.37)

2) 지식인 운동으로서의 인문주의

그러나 르네상스 시대의 총체적 문화변동은 인문주의자들의 활동과 저술만으로 설명될 수 있는 것은 아니었다. 인문주의는 철저히 학문과 문필, 교육과정에 관한 지식인 운동이라는 제한이 있었던 반면, 앞장에서 논한 바와 같이 지리적 활동 공간의 확대, 상업의 발달과 기술적·정치적 변화 등 총체적인 문명변화를 반영하고 있던 르네상스 문화는 지적 문화 외에도 더 넓고 깊은 경향성을 갖고 있었기 때문이다.

그러므로 인문주의를 르네상스 문화 자체와 지나치게 동일시하는 것은 적절치 않다. 하지만 이 양자는 서로 뗄 수 없는 긴밀한 관계를 갖는다는 점은 충분히 인정되어야 한다. 따라서, 르네상스 문화는 인문주의에서 자기표현을 얻었고, 인문주의자들은 르네상스 문화의 에이전트(agent)였다고 말할 수 있다.

부언하거니와 그리할 수 있었던 큰 이유는 르네상스 인문주의의 주류가 근본적으로 수사학적인 성격을 갖고 있었기 때문이다. 수사학은 도구적 성격의 학문이지만 언어와 문헌학적 지식을 기초로 한 학문이었으므로 그 시대의 깊은 정신적 요소와 문화의 흐름을 담아낼 수 있었다. 이는 마치 중세 초에 고대의 학문과 종교가 라틴어 교육을 통하여 전승될 수 있었던 것과 유사한 과정이라고 할 수 있다.

다) 인문주의의 수사학 정신과 스콜라주의

르네상스 인문주의는 전 시대의 기성 사조인 스콜라주의와 비교함으로써 더 잘 이해할 수 있다. 종래에는 스콜라주의는 중세의 종교적 이념을 대표하며 인문주의는 종교적 세계관을 부정하는 인간중심의 세속주의로 알려지기도 했다. 그러나 실제로 르네상스 인문주의는 당대의 신학문 사조로서, 그 목적이 종교 자체를 부정하려는 것이 아니라 전통적 학문 양식인 스콜라주의를 극복하려는 지적 운동이었다.

그러한 인문주의자들의 지향은 한마디로 압축한다면 서구 지성사에서 철학적 전통과 대비되는 수사학 전통의 회복이라고 말할 수 있다. 활동적이고 사회적인 삶의 이상(vita activa)이 강하게 대두되었던 르네상스 시대에 수사학 전통이 각광받게 된 것은 우연이 아니다.

1) 철학적 전통과 수사학 전통

서양의 지적 전통은 논리학 중심의 철학적 학풍과 수사학 중심의 학풍이 서로 대립·경쟁한 과정이라고 할 수 있다. 고대의 소크라테스 철학과 소피스트 철학, 중세 말의 스콜라 철학과 르네상스 인문주의, 현대의 모더니즘과 포스트모더니즘 간의 갈등이 그 대표적 예이다.38) 이 같은 관점에서 볼 때, 르네상스 인문주의는 그리스의 소피스트, 로마의 키케로, 중세의 문서작성자들로 이어져 내려오는 수사학 전통의 대표적 유형이라 할 수 있다.

수사학(rhetoric)이라는 용어는 변증학(dialectic)과 마찬가지로 여러 가지 의미로 이해되곤 하는데, 여기에는 긍정적인 의미와 부정적인 의미가 있다.39) 수사학에 대한 일반적 인식은 호의적이지 않다. '수사적'이라는 말속에는 '겉치레하는 피상적이고 형식적'인 표현상의 기교라는 뉘앙스가 들어있을 때가 많다. 그러나 고대의 수사학이 무가치한 언어유희로 전락했기에 내려진 이러한 평가가 르네상스 인문주의자들에게 적용된다면, 그것은 부당한 일이 될 것이다.

이 시대의 인문주의자들에게서 진정한 의미의 수사학은 지혜와 문체의 조화로운 통일이다. 수사학은 고대의 공적 생활에서 중시된 논쟁과 설득의 기능, 즉 재판의 배심이나 정치집회에서 정의를 분별하고 현명한 국사의 처리를 위하여 구사할

태도와 언어의 기술에 관한 학문(discipline)이었다.40)

2) 연사의 효과성과 진리의 효과성

수사학의 목적은 처음 나타날 때부터 경쟁적인 두 가지 개념을 갖고 있었다. 하나는 연사의 효과성을, 다른 하나는 진리의 효과성을 추구하는 것이었다. 전자는 연사가 논쟁에서 이기거나 청중을 성공적으로 설득하게 하는 데 치중하는 것으로서, 내용의 진위는 부차적인 관심의 대상이 되며, 그 대신 전달의 형식과 문체를 최우선으로 고려하게 된다. 이것이 일반적으로 수사학을 부정적으로 간주하게 하는 요인으로서 일찍이 소크라테스가 《골기아스》(Gorgias)에서 정면으로 비판한 내용이다.

또 다른 수사학의 전통은 효과적인 연사를 만드는 데 주안점이 있는 것이 아니고 진리의 효과를 살리는 데 중점을 두는 것이다. "지식에 힘을 불어넣으며 진리가 인간의 삶과 관련을 맺도록 하는" 학으로서의 수사학의 이론은 아리스토텔레스(Aristoteles, B.C. 384~B.C. 322)가 제시했다.41) 기독교 전통에서도 아우구스티누스(Aurelius Augustinus, 354~430)는 나태한 성경 교사들에게, "왜 거짓을 가르치는 사람도 최선을 다하여 설득력을 갖추려 하는데 진리를 말하는 사람이 그렇지 못한가?"라고 책망했다.

키케로 역시 수사학은 불의를 드러내는 데 사용되어야 한다고 주장한다. 그는 수사학이 소피스트들에 의해 표현되었던 것보다 더 광범위한 학문이라는 것을 이해한 인물이었다. 그는 수사학에 대한 아리스토텔레스의 긍정적 평가에 동의하였으나, 그가 수사학의 과제와 철학의 과제를 지나치게 분리한 것을 비판했다.

키케로는, 수사학은 국가를 올바로 통치하는 데 필요한 인물을 훈련하며, 웅변가의 훈련에는 도덕성의 함양이 포함되어야 한다고 가르쳤다. 그는 항상 수사학과 철학을 접합시키려는 이상을 추구했다. 르네상스 시대의 수사학은 바로 이러한 입장을 취했으므로 '키케로주의'라고 불렸다. 그것의 요체는 진리가 인간의 실제적 삶에서 강력한 힘을 발휘하게 하려는 것이었다.

3) 인문주의의 신학문

르네상스 인문주의와 수사학 전통의 관계를 이해하기 위해서는 먼저 인문주의의 학문적 성격을 파악해야 한다. 당시의 인문주의자들의 주장과 활동은 인문주의가 1차적으로 교육과 학문의 운동이었다는 점을 강하게 시사하고 있다. 그들이 의도한 교육은 스콜라적인 철학과 신학, 교회법 등의 과목 대신 고전, 고대의 수사학과 도덕철학, 역사, 시, 문학 등을 포괄하는 스투디아 후마니타티스(studia humanitatis)를 가르치는 것이었다. 이것은 오늘날의 인문 교양(liberal arts) 교육에 해당한다. 그것은 인간의 정신과 신체의 조화로운 발전, 지혜와 수사학의 결합, 지식과 덕성의 함양을 목표로 한다.

인문주의자들의 주장을 가장 분명하게 실천적으로 보여주는 것은 종교개혁을 추진하는 과정에서 이루어진 대학 교과과정의 개혁이다. 루터파 종교개혁자이며 동시에 '독일의 교사(preceptor Germaniae)'로 불리운 멜란히톤(Philipp Melanchthon)의 경우, 비텐베르크 대학에서 교양학부를 새롭게 구성하며 그리스어, 히브리어, 아리스토텔레스의 논리학, 키케로의 수사학, 로마사, 수학, 플리니우스의 자연의 역사, 베르길리우스와 퀸틸리아누스 등을 가르칠 것을 주장한 바 있다.42)

인문주의 학문은 언어와 수사학에 중심을 둔다. 스콜라주의는 논리적 사고에 의존하여 진리를 이성적으로 이해할 수 있는 사고체계로 조직하는 것이 목적이었다. 반면 인문주의자들은 수사학과 설득 기술에 관심을 두었고, 영감을 구할 대상을 고대의 철학자들보다 웅변가, 시인, 역사가들에서 찾았다. 그들은 이성에 의한 논리적 확신보다 감성과 의지를 움직이는 설득을 중시했다. 그 이유는 인간 존재를 볼 때, 정념적(passion)이고 활동적이며 사회적인 면이 논리와 개념의 측면보다 앞선다고 보았기 때문이다.43)

여기서 인문주의자들은 스콜라적인 형이상학과 논리학을 거부하고 언어에 관심을 집중한다. 인문주의자들은 언어를 세계에 대한 진실을 전달하는 매체라기보다는 감정을 움직이고 행동 의지를 자극하는 사회적 생활의 한 요소로 간주했다.44) 인문주의자들은 스콜라주의 논리학과 철학에서 많이 쓰는 다음절(多音節) 용어와 다듬어지지 않은 '야만적' 문체, 고전양식에서 벗어난 중세 후기 라틴어의 문법을 비웃었으며, 스콜라학자들이 수사학적 세련에 대해 전적으로 무지한 것을 경멸했다.

스콜라주의 자체에 대한 비판은 시간이 갈수록 더 심해졌다. 인문주의자들은 논증을 강조하는 스콜라주의를 초점이 없고 사변적이며, 사회적인 면에서나 종교적인 면에서나 도무지 현실성을 갖지 못한 것으로 간주했다. 중세의 신학자들이 바늘 꼭지 위에서 몇 명의 천사가 춤출 수 있느냐에 관해 논쟁했다는 등의 이야기들은 스콜라주의에 대한 인문주의자들의 공격에서 나온 것이었다.

신학 분야에서 인문주의자들이 극복하고자 한 것은 당시 스콜라 교육의 주된 내용이었던 형식논리와 추상적 사변으로 일관하는 저급한(junk) 주경신학(exegetical theology)이었다. 당시의 일반적인 수도사들의 교육 수준은 매우 낮았다.45) 독일의 경우 성직자들의 저급한 교육 수준은 멜란히톤을 통탄케 했다.

중세 말 성직자들의 대학교육 이수 비율은 고위 성직자를 포함하여 약 40%를 밑돌았는데, 지방 성직자 중에는 교리는 말할 것도 없고 주기도문과 사도신경조차 모르는 이들이 있을 정도였다.46)

인문주의 정신이 스콜라 전통과 현저히 구별되는 점은 당대 사회가 요구하는 실제적 가치에 대한 인식에서였다. 르네상스 시대의 이탈리아 도시국가의 지배 세력들은 수사학의 가치를 재발견하게 된다. 형이상학적 관념에 기초한 스콜라 철학의 추상 담론은 근대 세계가 요구하는 의사소통과 설득의 능력을 발휘하지 못했다. 새로운 정치·사회적 환경에서 발생하는 삶의 문제들에 더욱 적절히 부합하는 새로운 학문이 필요했다. 인문주의자인 수사학자들과 웅변가들은 추상적 논리보다 구체적 현실 속에서 정념과 의지로 움직이는 인간상을 추구했다.

이러한 인간관은 원숙한 언어 구사와 현세적 문제에 통찰 능력이 있는 사람을 이상형으로 제시하였는데, 특히 사회적인 삶을 이어주는 의사소통(communication) 능력의 중요성이 두드러지게 된다. 여기서 의사소통의 목적은 절대적인 지혜를 전달하는 것이 아니라 구체적이고 실용적인 목표를 달성하는 것이었다.

그러한 의사소통은 무엇보다도 설득력을 갖고 있어야 했

다. 그것은 단순히 마음에 확신을 줌으로써가 아니라 정념을 움직임으로써 의지에 영향을 미쳐야 했다. 르네상스의 수사학적 인문주의는 활동적이고 사회적인 인간의 본성, 공동체의 가치, 피할 수 없는 갈등과 변화 및 상대적인 삶의 가치를 인식하고 구현하려는 지향성에서 스콜라주의와 구별되는 것이었다.

2. 인문주의의 사상적 기능

가) 철학적 신조(doctrine)인가, 정신적 자세(mentality)인가?

인문주의와 종교개혁의 상관성에서 가장 중요한 논점은 단순히 인문주의의 성격 규정이나 인문주의자들이 가졌던 종교적·철학적 신조가 아니라, "시대의 정신적 변화를 추구한 지적 운동으로서 인문주의의 사상적 기능은 무엇이었는가?"이다. 그러한 관점을 가지고 볼 때, 인문주의의 개념은 3가지 입장으로 정리할 수 있다.

1) 고전학 중심의 학문 운동

복음주의 진영의 종교개혁사 연구자인 알리스터 맥그래스 (Alister McGrath, 1953~)는 인문주의의 일차적인 성격을 고전 학문과 언어 연구에 몰두한 학문 운동으로 이해했다.47) 이때 르네상스 인문주의의 학문은 기본적으로 문헌학(philology)을 바탕으로 한 고대의 고전연구였다. 유명한 '**아드 폰테스**(ad fontes, 원천으로)'라는 슬로건은 인문주의의 이러한 성격을 요약한 것이다. 인문주의자들에게 고대의 지적·예술적 영광을 회복하기 위해 '추한 중세'는 회피해야 할 대상이었다.48)

여기서 중요한 것은 "인문주의자들이 왜 고전을 연구하고자 했는가?"라는 질문이다. 인문주의자들에게 이러한 연구는 그 자체가 목적이라기보다는 목적에 도달하기 위한 수단이었는데, 그 주된 목적은 문장의 격조와 연설의 능력을 향상하기 위한 것이었다.49) 바꿔 말하여 르네상스의 인문주의자들은 고전 작품을 웅변의 표준으로 간주하고, 그것으로부터 영감을 얻고 지도를 받기 위하여 연구했다. 고전에 대한 학식과 언어적 능력은 고대의 자료를 이용하기 위한 도구였다.

이를 뒷받침하는 사실은, 인문주의자들의 저술 가운데는 문장 작법과 연설의 향상을 위한 것이 고전문헌 자체와 언어학 연구보다 훨씬 더 많았다는 점이다.50) 그리고 인문주의자들의 고전연구는 웅변과 수사학의 발전을 목적으로 한 것이지만, 여기서 발전된 문헌 연구의 방법은 실증적이고 비판적인 정신을 고양함으로써 종교개혁의 발발에 크게 기여했다. 즉, 인문주의와 종교개혁의 첫 번째 상관성은 인문주의의 문헌학적 특성에서 찾을 수 있다는 것이다.51) 이 입장에는 르네상스 연구자나 종교개혁 연구자나 별다른 반론이 없이 동의가 이루어져 있다.

2) 탈종교적 인본주의의 철학 운동

19세기 이래로 인문주의에 대한 인습적 통념은 인문주의가 르네상스의 중세적 신본주의에 대한 반동으로서 인본주의적 철학을 구현하는 운동이라는 것이다. 이 견해는 르네상스와 중세의 단절을 강조하는 문화사가 야콥 부르크하르트(Jacob Burckhardt, 1818~1897)의 해석에 뿌리를 둔 것으로, 인문주의와 종교개혁의 상관성을 인정하는 데 매우 소극적이다.

부르크하르트는 르네상스 인문주의를 르네상스 사상 전체와 동일시하는 입장을 취한다. 르네상스가 스콜라주의에 대한 반작용으로 일어난 것이며 인간중심주의, 개인주의, 합리주의 등을 지향하며 근대적 의식의 생성에 기여한 점에 주목한다.52) 이 견해는 20세기에 들어서 딜타이(Wilhelm Dilthey, 1833~1911)에 의해 다시 제기되었고, 카시러(Ernst Cassirer, 1874~1945) 등에게 지지를 받으며 지속되었다.

하지만 이 관점에서 본다면, 인문주의는 로마 카톨릭의 중세적 패러다임을 타파함으로써 종교개혁의 도래에 상당한 공헌을 하였으나, 인간의 개성과 자율성을 중시하고 합리적 세계관을 가진 인문주의 정신이 신 중심의 초자연적 세계관에 기초한 종교개혁과는 본질적으로 양립할 수 없는 관계라는 이론을 낳게 된다.53)

이 견해는 르네상스 인문주의의 내용과 기능을 사회비평이나 문헌학적 학문으로만 좁게 이해한 결과이다.54) 인문주의는 부르크하르트 등의 이해에 그치지 않고 개혁자들에게 새로운 인식론과 수사학 정신을 제공함으로써 종교개혁 신학을 형성하는 지적 용매로서 작용했다. 이것은 특히 삶의 모든 영역에서 하나님의 주권과 영광을 토대 개념으로 하는 칼뱅주의 개혁파 신학에서 현저히 찾아볼 수 있다. 반면, '이신칭의'와 '두 왕국론' 등 개인주의 구원론에 집중하는 루터파 신학에서는 이러한 국면이 미약하다.

3) 수사학 전통의 교육문화 프로그램

> 인문주의 학문은 종교개혁의 사상을 담아 표현해 주는 도구적 학문 또는 지적 용매(intellectual solvent)의 기능을 했다.

이 견해는 인문주의와 종교개혁의 양립을 부인하는 부르크하르트 이래의 전통적 견해를 반박하며 크리스텔러(P. O. Kristeller)가 제시한 견해이다. 그는 인문주의 운동을 문헌학적 차원으로 좁게 이해하는 것을 넘어서서 포괄적인 서양 정신사의 맥락에서 수사학 전통의 부활을 주 내용으로 하는 교육적·문화적 프로그램으로 이해한다.55) 크리스텔러는 인문주의의 본질이 신본주의나 인본주의의 신조를 주장하는 특정한 철학 사조가 아니라, 그리스-로마의 고전 학습을 통하여 수사학, 어학, 역사학, 시, 윤리학, 즉 스투디아 후마니타티스를 사회 전반에 확산시키고자 하는 학문 교육 운동으로 규정한다.

그는 인문주의자들이 철학적 문제에 관심을 가진 것은 사실이지만 그 성격상 현실과 유리된 철학적 추상화를 싫어했을 뿐 아니라 어떤 통일적인 견해나 신조를 공유하지는 않았다는 점을 지적했다. 그 한 예는, 인간의 자유의지에 대한 강조가 전형적인 인문주의의 신조라는 일반적인 오해이다. 신앙에 있어서 인간의 자유의지의 역할을 인정하는 신학적 입장은 인문주의자들만이 아니라 방법론적으로 인문주의와 정 반대편에 있는 중세 스콜라 신학의 한 핵심으로 오랫동안 존재해 왔었다.[56]

인문주의자들의 특징적인 성향은 이념들의 내용보다는 어떻게 그 이념들이 획득되고 표현되는가에 중점을 두는 것이었다. 인문주의에 대한 크리스텔러의 관점을 이해하기 위해서는 그의 접근방법을 살펴볼 필요가 있다. 크리스텔러는 르네상스 인문주의의 성격을 파악하기 위해 인문주의자들의 저술을 문학적으로 분석하는 것은 적절치 않다고 주장한다. 왜냐하면 인문주의는 광범위하고 다층적인 사회적 관계 속에서 다른 여러 전통과 활발히 상호작용하는 지적 운동이었으므로 '문학적인 텍스트의 개념'을 명제를 따라 분석하는 것보다는 그것의 '사회적 기능과 역할'을 이해함으로써 실체를 파악할 수 있다고 보기 때문이다.

명제적 요소란 다른 사상과 어떤 맥락(context)에서 관계하는

가에 따라 얼마든지 서로 다른 논리로 작용할 수 있다. 예를 들면, 루터는 윤리적 가치를 우선하는 인문주의자들과 신학적으로는 조화되기 어려웠음에도 불구하고 인문주의를 대단히 옹호했으며, 비텐베르크를 중심으로 대학교육을 철저히 인문주의적 교과과정으로 개혁한 바 있다. 루터와 인문주의의 관계는 신학적 명제만으로 결정되는 것이 아니었다. 인문주의 정신 속에는 신학적·철학적 명제로 표현되는 것 외의 더 중요한 기능이 있었기 때문이다.

르네상스 인문주의가 이후의 다른 시대의 인문학적 사조보다 더 큰 역사적 중요성을 인정받는 것은 특정한 철학적 명제를 제시했기 때문이 아니라 모든 기존의 전통적 사상들을 비판하고 종합할 수 있는 '정신적 성향'과 '지성 구조(mentality)'를 제공했기 때문이다.

크리스텔러는 인문주의의 본질을 고전과 스투디아 후마니타티스를 통해 사회에 필요한 교양인을 양성한다는 공통의 목표에서 찾아야 한다고 보았다. 그것이 모든 인문주의자를 동질집단으로 묶어주는 요소였다.57) 크리스텔러의 견해는 인문주의가 특정한 신조에 지배되는 이념이 아니었음을 규명해 주었다는 점에서 르네상스사 학계에서는 전반적인 동의를 얻어 가고 있다.58) 사실상 인문주의와 같이 복합적인 요소와 다면적인 기능을 가진 사조를 정의할 때 취할 기준은 여러 가지

구성요소 가운데 무엇을 가장 중요한 본질로 볼 것이며, 그것이 역사적 사조로서 미친 영향력의 원천과 결과가 무엇인가 하는 것이다.

결론적으로, 르네상스의 인문주의는 신조적 지식보다는 그것을 얻기 위한 인식론 혹은 방법론적 학문의 성격을 띠고 있었다. 다시 말하면 인문주의의 정신은 신조가 있는 새로운 철학이라고 하기보다는 일종의 사고틀(mental set) 혹은 정신적 경향이라고 할 만한 것이었다. 이것의 관심은 현세적인 삶의 문제였고, 이것을 위하여 실증적이고 비판적인 사고를 추구했다. 인문주의 학문은 르네상스 정신이 함축한 중세에 대한 압력을 전파하는 역할을 했고, 종교개혁의 사상을 담아 표현해 주는 도구적 학문 또는 지적 용매(intellectual solvent)의 기능을 했다.

나) 인문주의와 기독교 신학

인문주의는 당시의 기독교 신학에 깊은 충격을 줄 수밖에 없었다. 이 충격은 한동안 역사가들에 의해 인문주의가 기독교에 적대적이며, 성과 속의 대립, 기독교 신앙에 맞서는 이교적 사상의 부흥으로 관찰되기도 했지만, 근래의 2~3세대 동안의 학문적 연구는 많은 기독교 지식인들이 인문주의의 학문적 기

법과 이상들을 적극적으로 포용했다는 사실을 점점 더 분명히 밝히고 있다.59)

1) 신학의 지성 구조에 미친 영향

인문주의는 신학 자체보다는 종교적 학문과 관행의 변화를 일으켰는데, 이는 인문주의가 철학이나 신학적 주장을 위주로 하는 학문이 아니라 언어 연구, 문헌 고증, 문학적 표현과 웅변의 설득술에 기반을 둔 학문이며 또한 사고방식이었기 때문이다. 그러므로 그 영향은 교리보다는 정신적 태도, 관점 등 지성 구조(mentality) 차원의 것이었다.

여기서 우리는 인문주의와 기독교의 관계는 역사적으로 오랜 전통을 가진 것이었다는 사실을 상기하여야 한다. 어거스틴은 물론 암브로시우스(Ambrosius, 340~397), 크리소스토무스(Johannes Chrisostomus, 347?~407) 등 대부분의 라틴 교부들은 수사학자였으며, 이들 라틴 교부들로 인하여 수사학 전통은 르네상스 시대에 상당한 존중을 받을 수 있었다는 점을 기억할 필요가 있다.60)

2) 텍스트의 회복

인문주의가 신학자들에게 끼친 학문적 영향은 1차적으로 원전 텍스트(text)를 존중하는 태도라고 할 수 있다. 이는 원전으로부터 지혜를 찾고자 했던 르네상스 인문주의자들의 공통점이었다. 스콜라 신학자들이 이성의 지배하에 신학을 했다면 인문주의자들이 보여준 신학함의 자세(doing theology)는 텍스트의 지배를 받는 것이었다.

기독교 신학에 대한 인문주의자들의 1차적 기여는 실증적인 문헌학 방법으로 성경 원문과 교부 저작을 편집 정리한 일이다. 르페브르 데따플((Jacques Lefèvre d'Étaples)은 1509년에 5가지 라틴 역본(제롬 이전 번역, 제롬 역, 갈리칸 시편, 70인 역의 라틴 역, 히브리 시편의 라틴 역)을 대조한 《5중 대역 시편》(Quincuplex Psalter)을, 그리고 1513년에는 《바울 서신 주석》을 출간했다. 루터는 비텐베르크에서 르페브르의 《시편 주석》(1512-18)을 사용하였으며, "Sola Fide(오직 믿음)"는 르페브르의 《로마서 노트》에서 발견되는 표현이다.

이어서, 에라스뮈스의 《Novum Instrumentum》(1516, 그리스어-라틴어 대역 신약성서)은 르페브르의 저작보다 더 극적인 충격을 주었다. 이것은 그의 명성과 전 유럽적인 네트워크로 인하여 신속히 팔려나갔다. 이 책은 라틴 서방기독교의 신학공동체에 최초로 그리스어 신약성경을 접하게 해 주었다는 점에서도 의의가 있었지만, 그보다 더 주목해야 할 것은 그의 라틴어 번역이 전통적인 불가타(Vulgate) 번역과 달랐다는 사실이다.

그는 제롬이 요한복음 첫머리인 "태초에 '말씀'이 계시니라"(1:1)의 그리스어 'logos'를 'verbum(진리, truth)'이라고 한 것을 'sermo(말, speech)'로 바꿔 번역했다. 이것은 'logos'에 '이성(ratio)'보다는 '언어(oratio)'라는 함의를 부여하려는 시도였다. 이것은 불가타의 필사 상의 오류를 지적하는 것을 넘어 교회의 무오류 전통에 대한 도전으로 간주되었고, 에라스뮈스가 전통적인 가치를 불경스럽게 공격한다는 것을 대표하는 사례로 비난받게 했다.

3) 동방(헬라) 전통에 대한 개방성

인문주의가 서방 신학에 기여한 또 하나의 공헌은 서방 신학자들로 하여금 동방 교회에 대한 역사적 편견을 극복하고 지적인 개방성을 갖게 한 것이다. 15세기에 들어서 라틴 고전과 교부 저작에 대한 발견과 번역이 촉진되면서 중세에는 빈약했던 그리스 학문에 대한 지식이 급격히 확장되었다.

중세의 라틴 세계에서 그리스 교부들에 대한 지식은 이교적인 그리스 고전에 대한 지식보다도 더 제한적이었다. 유세비우스의 저작은 초기 판본만이 있었고, 크리소스토무스의 설교집은 일부만이 존재했다. 서방 교회는 동방 신학에 대해 의혹을 품었고, 그리스어에 무지하였으므로 그리스 교부들에 대해 별로 관심을 보이지 않았다.

이와 함께 세속 자료에 대한 개방성은 일반 학문, 즉 신학

외의 학문에 대한 개방성을 낳았다. 인문주의는 세속 학문에 대한 경건주의의 적대적 성향을 완화하여 고전 고대의 이교적 유산에 대한 개방적 태도를 갖게 했다.

그리스 교부에 관한 연구는 15세기에 들어 크게 발전하게 된다. 1430년대 플로렌스 공의회 대표였던 베사리온 추기경(Johannes Bessarion, 1403-1472)과 다른 대표들의 화물을 통하여 그리스어 사본들이 이탈리아로 유입되었고, 카르멜 수도회 수사인 암브로시오 트라베르사리(Ambrose Traversari, 1386~1439)는 바실리우스, 위(僞)디오니시우스, 나지안주스의 그레고리는 물론 크리소스토무스의 전작을 거의 다 번역했다.

이 시기의 인문주의자들은, 모든 인문주의자가 그러한 것은 아니지만, 기독교와 세속영역의 양쪽 모두에 관심이 있었다.61) 이러한 현상 중에 주목해야 할 것이 기독교 인문주의이다.

4) 실제적 현실에 대한 관심

인간의 본성을 재발견하고 그것을 제한 없이 실현하는 것이 인문주의의 주요 목적이었다면, 인문주의 학문 사조가 교의보다 실제적 삶의 차원과 결부되어 발달한 것이 기독교 인문주의이다. 기독교 인문주의는 신 중심의 세계관을 전제로 하여, 인간을 하나님의 형상을 따라 창조된 피조물로서 인식하며 인문주의적 통찰을 추구하는 것이었다. 즉 '하나님의 창조' 신앙 아래서 피조물로서의 인간 발견과 하나님의 뜻에 따른 인간성의 실현이 기독교 인문주의의 내용(content)이라고 할 수 있다.

그러한 점에서, 우리는 인문주의가 르네상스와 종교개혁 시대를 거치는 동안 신본주의와 결부되어 발전할 수 있었다는 사실을 주목해야 한다. 가령 칼뱅과 같은 종교개혁자의 신학은 철저한 신본주의적 경건을 추구하되 인문주의의 학문적 방법론과 사고방식을 적극적으로 수용한 탁월한 사례이다. 이 시대의 기독교 인문주의자들은 현대의 관점에서 보면 종교와 학문의 통합을 추구한 통전적 기독교인이라 할 수 있다.

물론 당시는 성속의 삶이 분리되지 않은 시대였으므로 학문에서도 종교적 학문과 비종교적 학문을 구별하는 인식 자체가 뚜렷하지 않았다. 다만 교의적 사고를 회피하거나 거부한 것이 기독교 인문주의자들과 종교개혁자들의 중요한 차이점이었다. 그 대표적인 예가 에라스뮈스이다.

> 인간의 본성을 재발견하고 그것을 제한 없이 실현하는 것이 인문주의의 주요 목적이었다면, 인문주의 학문 사조가 교의보다 실제적 삶의 차원과 결부되어 발달한 것이 기독교 인문주의이다.

5) 에라스뮈스와 그리스도의 철학(Philosophia Christi)

에라스뮈스(Desiderius Erasmus, 1466-1546)는 교회사에 포함해야 할지 일반 문화사에 넣어야 할지 결정하기 어려울 만큼 당시의 문화와 종교에서 차지하는 비중이 큰 인물이다. 그가 세속 학문과 기독교 학문의 영역에서 공히 성취한 업적은 실로 방대한 것이었다. 그는 라틴 문체에 관한 저술들(De copia, Ciceronianus)과 격언 및 대화록 모음집, 세네카 등 고전 작가들의 저술을 편집함으로써 이 시대의 인문주의의 방향을 설정했다. 그리고 동시에 《Novum Instrumentum》(그리스어-라틴어 대역 신약성서)과, 복음서와 서신서의 주석 등 성서에 관한 일련의 학문적 저작과, 엄밀한 고증을 거쳐 편찬한 교부 저작들은 기독교 인문주의자로서의 그의 위치를 확고히 해 주었다.

에라스뮈스는 기독교 신앙에 관련한 자신의 학문적 작업을 당대의 지배신학과 구별하기 위하여 '신학'보다 '그리스도의 철학(philosophia christi)'이라는 용어를 사용했다. 그의 신학적 작업은 인간적 학문과 신성한 계시, 자연과 은총을 통전하는 것이었다. 이러한 에라스뮈스의 신학적 입장에 대해서는 학문적 신학 전통이나 교의적 사고를 지나치게 경시한다는 점이 지적되곤 하지만, 오늘날 종교와 학문, 세속영역과 교회적 영역을 통합하려는 이들에게는 시사하는 바가 크다.

Ⅲ.
칼뱅 신학 속의
인문주의

칼뱅 신학 속의 인문주의

어떤 신조나 사상이 당대의 사람들에게 호소력 있게 전달되고 의식을 변화시키기 위해서는 그것이 그 시대의 언어와 문화로써 표현되어야 한다. 이런 의미에서 언어와 문화를 사상의 매개체(media) 또는 지적 용매(intellectual solvent)라고 한다면, 칼뱅의 신학에서 그것은 두말할 나위 없이 르네상스의 인문주의였다.

그러나 다른 한편으로 칼뱅의 신학은 가장 철저한 신본주의적 신앙 전통을 형성한 것으로 알려져 있다. 이 장에서는 신본주의적 경건과 인문주의적 지성이 복합된 칼뱅 신학의 구조적 특징을 살피고, 르네상스의 인문주의적 요소와 성향이 종교개혁의 신학 형성에서 어떤 맥락의 역할을 했는가를 밝히려 한다. 여기서 우리의 주안점은, 외견상 역설적으로 보이는 칼뱅의 신학사상을 평면적인 명제 분석을 넘어 16세기 지성사의 맥락(context) 속에서 이해하는 것이다.

잘 알려진 대로 칼뱅의 신학은 종교개혁은 물론 근대 서구 문명을 형성하는 중대한 역사적 동인으로 작용했다. 대개의 경우 신본주의적 경건은 종교와 문화의 관계에서 이원론적 분리주의와 반지성주의를 낳곤 했다. 그러므로 겉으로 보기에 역설적으로 보이는 칼뱅 신학을 역사적 실체로 파악하기 위해서는 그것의 형성 과정을 종교사와 문화사, 신학과 일반 학문, 교의적 신조와 지성 구조의 상호관계 속에서 이해해야 한다. 우리는 이러한 접근을 통해서 어느 시대에서나 신학과 지적 문화의 결합모드에 대한 통찰을 얻을 수 있을 것이다.

1. 칼뱅 신학의 구조와 특성

가) 신본주의와 인문주의

1) 칼뱅의 신본주의

칼뱅의 신학은 교의적 내용에서 하나님의 절대주권과 예정론, 인간의 전적 타락, 불가항력적 은혜, 성도의 견인 등이 특징적이다. 이 교리들에는 인간의 자유의지나 인간성에 관한 긍정적 탐구가 들어설 여지가 없는 것처럼 보이는 것이 사실이다. 그의 성경해석에서도 성령의 조명 교리는 신 인식과 구원의 섭리에서 이성의 무능을 전제로 한다.[62] 이러한 특징들로 인하여 칼뱅의 신학은 기독교 전통 속에서도 가장 철저한(radical) 신본주의를 대표하는 것으로 여겨져 왔다.

경건의 엄격성에서도 칼뱅의 제네바 목회는 인간의 조건이 요구하는 바에 공감하기보다 하나님의 말씀에 순종할 것을 가르쳤고, 치리자로서는 인간적 연민과 신 중심적 규범이 상충할 때 가차 없이 후자를 택했다는 점에서 철저한 신본주의자였다. 이같이 신본주의적 지향을 가졌던 칼뱅의 신학이 인문주의 학문과 어떠한 맥락에서 상관관계를 갖는가는 칼뱅 신학의 특성을 이해하는 데 불가결한 문제이며, 종교개혁 시대의 종교와 문화형성에 관한 주요 관심사가 아닐 수 없다.

2) 신본주의 신앙에 적용된 인문주의

칼뱅 안에 있는 신본주의와 인문주의의 두 요소를 상충하는 경쟁적 요소로 간주하는 것은 적절치 않은 접근이다.

인문주의는 근본적으로 인간의 삶에 대한 실제적이고 현실적인 관심을 가지며, 지적인 활동에서는 실증적인 확실성의 추구를 특징으로 한다. 이러한 인문주의의 정신적 태도가 종교 문제에 적용되었을 때 신학의 과제는 초월적 세계에 대한 추상적 호기심과 사변적 추론이 아니라, 이 세상의 삶에서 부딪치는 신앙의 실제 문제를 다루려고 하며 그에 대한 근거 있는 해답을 찾기 위하여 성서의 원전(text)을 탐구하려 한다.

따라서 종교개혁 신학의 제1 원리라고 할 수 있는 '오직 성경(sola scriptura)'의 계시 의존적 사고 규범은 학문적 방법론에서는 인문주의자들의 구호였던 '근원으로(ad fontes)'의 정신과 공감대를 갖는다. 언어와 문헌학과 같이 인문주의 학문의 지식은 그 자체로서 신념이나 고백이 아니라 지식을 발견하고 생산하는 지식이었으며, 엄밀한 실증적 연구를 위한 지식이었다. 따라서 이러한 인문주의의 정신과 학문은 사상적 기능 면에서 볼 때 이데올로기나 신조 자체가 아니라 그 개념들을 분별하

고 명료하게 하며 수용 가능한 지식으로 만드는 도구적 역할을 했다.[63]

그러므로 칼뱅의 신학 속의 인문주의를 이해하는데 필요한 전제는, 칼뱅 안에 있는 신본주의와 인문주의의 두 요소를 동일 평면에서 상충하는 경쟁적 요소로 간주해서는 안 된다는 사실이다. 신학이란 신앙을 학문적인 언어와 개념으로써 표현한 것이라고 할 때, 그것은 교의적 내용과 그것을 담고 있는 언어-문화적 형식으로 구분할 수 있다.

여기서 교의적 내용이 효과적인 이해와 호소력을 얻기 위해서는 청중(또는 독자)들이 속한 시대정신과 문화 코드에 부합하는 언어-문화적 매체를 선택해야 한다. 이 양자의 관계는 찰스 노어트(Charles G. Nauert, 1928~)가 표현한 바와 같이 용액에서 용질과 용매의 관계에 유비될 수 있다.[64] 용액 상태에서 용매의 특질은 확연히 드러나지 않는다. 그러나 동일한 용질이라 할지라도 어떠한 용매를 사용하는가에 따라 그 용액의 효과성은 현저하게 달라진다.

이와 마찬가지로 칼뱅의 신학에서 인문주의적 요소는 겉으로 두드러지게 드러나고 있지 않다. 왜냐하면, 이미 프랑스 인문주의자들의 문필 세계를 떠난 칼뱅의 신학 작업의 목적은 인문주의 자체를 진작시키는 데 있지 않기 때문이다. 한편, 인문주의 학문은 칼뱅의 교의적 내용을 가리거나 약화시키지 않는다. 그것이 자체의 교의를 주장하는 것이 아니기 때문이다. 오히려 인문주의 학문은 칼뱅 자신의 성서 연구와 종교적 체험에 근거한 신앙 개념들이 강력한 신학적 호소력과 문화적 상관성을 가질 수 있도록 수사학적 언어와 논리적 명료성, 박학의 설득력을 제공하는 역할을 했다.

나) 칼뱅 신학의 특성: 중심교리인가 인식론적 원리인가?

칼뱅 신학의 개별 주제들에 관한 연구는 무수히 제출되었으나 칼뱅 신학 전체의 특성을 포괄적으로 규정하려는 연구는 난관을 거듭해 왔다. 그 주된 이유는 많은 연구자가 개별적 요소를 가지고 전체의 성격을 규정하고자 했기 때문이다. 이것은 부분을 전체로 환원하려는 부적절한 시도이다. 오히려 개별 요소나 부분 경향에 대하여 어떠한 견해를 주장하고자 한다면 먼저 전체 구조의 특성과 구성원리를 파악하는 작업을 거쳐야 한다. 즉 칼뱅은 어떤 유형의 신학자이며 그의 신학 체계의 기초는 무엇인가? 칼뱅의 신학 전체를 관통하는 전제나 원리는 무엇인가? 등에 답할 수 있어야 한다.

전체적 성격 규정에는 두 가지 접근이 가능한데, 하나는 그의 신학 내용에서 가장 중심되는 교리를 찾는 방법이며, 다른 하나는 신학 형식의 차원에서 칼뱅 신학 전반을 관통하는 구성원리를 찾는 것이다.

1990년 리쳐드 갬블(R. C. Gamble)의 보고에 따르면, 세계칼뱅 학회를 통해 다수의 칼뱅 연구자들은 칼뱅 신학을 한 가지의 고립된 교리에 근거하여 이해하려고 했던 모든 시도가 부적절 하다는 데 합의(consensus)를 이루게 되었다.65) 즉 칼뱅 신학의 열쇠가 될 수 있는 하나의 중심 주제는 존재하지 않는다는 것 이다. 이것은 칼뱅 신학의 성격 규정을 위한 연구의 관심을 중 심교리에서 형식적 차원의 구성원리로 돌리게 했다.

이것은 칼뱅 신학의 연구사에서 중요한 전환점을 이루는 것 으로서, 무엇보다 칼뱅주의를 표방하는 현대의 근본주의 신학 전통들에서 칼뱅 신학의 역동성이 재생산되지 않는 이유를 해 명해 주는 지대한 기여라고 할 수 있다. 본 장에서는 이러한 합 의에 도달하기까지 칼뱅 신학의 전체적 특성과 중심교리를 찾 으려는 시도를 훑어보고자 한다.

1) 중심교리의 탐색

칼뱅 연구자들은 칼뱅 신학의 특성을 하나의 고립된 교리로써 규명하려는 시도가 부적절하다는 데 합의(consensus)를 이루게 되었다.

오랫동안 신학자로서의 칼뱅을 이해하기 위한 주된 노력은 칼뱅 신학의 중심교리, 즉 그의 신학적 구조를 떠받치는 한 가지 중심 주제가 무엇인가를 규명하려는 데 있었다. 중심 교리를 추구한다는 것은 하나의 주된 교리가 있고, 이를 근거로 한 사색과 추론에 의해 다른 교리들이 구성되고, 그것들이 하나의 신학적 체계를 형성했다고 전제하는 것이다. 이런 입장은 중심교리가 다른 모든 교리에 반영되어 나타난다는 것을 의미한다.[66]

칼뱅의 중심교리를 나름으로 주장하는 다양한 견해들은 《기독교 강요》와 방대한 성서 주석 등 칼뱅의 저술 전체를 연구하면 개별적으로는 타당한 근거들을 찾을 수 있다.[67] 그러나 이 주장들에 대해서 공통으로 지적되는 것은, 이들이 칼뱅의 저술 중 한 부분만을 채택하여 강조한 것이라는 점이다. 예를 들어, 어떤 서술들은 그리스도를 명백히 성부 하나님의 주권적 의지에 종속시키고 있다.

그러므로 우리는 그리스도의 공로에 대해 다룰 때 그 안에 기원을 두지 않고 제일 원인인 하나님의 결정으로 향한다.[68]

그리스도는 하나님의 선의를 떠나서는 아무런 공로를 쌓을 수 없다.[69]

한편, 요한복음 주석에서는 "창세로부터 모든 족장들은 그리스도로부터 그들의 모든 은사를 받았다. 그(그리스도)를 통해서만 죄들이 우리에게 전가되지 않게 할 수 있다"라고 말함으로써 기독론 중심 사상을 표현하고 있다.70) 그런가 하면 모든 은혜가 실제로 작용하게 되는 것은 오직 성령의 사역에 의한 것임을 천명하기도 한다.

성령의 은밀한 활동을 통해서 우리는 그리스도와 그의 모든 축복들을 향유하게 된다.71)

요컨대, 칼뱅의 신학은 전체적으로 삼위일체적인 구조 속에서 성부와 성자, 성령의 역할과 의미를 조명한 것임에도 불구하고 각 연구자는 자신이 발견한 한 부분으로써 전체를 환원하려고 시도하는 것이다. 따라서 이상과 같은 논지들을 그대로 받아들인다면 칼뱅 신학의 중심 주제는 삼위일체 하나님의 창조와 구속이라고 해야 할 것이다. 그러나 이것은 마치 "칼뱅 신학의 주제는 하나님이다"라고 말하는 것과 같게 되고 만다.

만일 어느 한 교리가 칼뱅 신학의 토대라면 그의 신학적 사고는 매우 선명한 체계를 갖게 될 것이다. 그러나 이상의 연구 과정을 통해 다수의 칼뱅 연구자들은 칼뱅 신학의 특성을 하나의 고립된 교리로써 규명하려는 시도가 부적절하다는 데 합의(consensus)를 이루게 되었다.72) 즉 칼뱅 신학의 열쇠가 될 수 있는 하나의 중심 주제는 존재하지 않는다는 것이다.

2) 인식론적 구성원리

칼뱅 신학의 전체적 성격을 규정하는 것이 특정한 중심교리가 아니라는 데 공감이 이루어지면서 칼뱅 연구자들의 관심은 신학의 내용보다 형식적 차원, 또는 인식론적 구성원리에 쏠리게 되었다. 여기에 속하는 연구자로서는 바우케(H. Bauke), 가노치(A. Ganoczy), 배틀즈(F. L. Battles), 부스마(W. Bouwsma), 암스트롱(B. Armstrong), 이그망(Francis M. Higman), 맥그래스(A. McGrath) 등이 있다.

그중 바우케(Hermann Bauke, 1886-1928)의 견해는 1922년에 제시된 것이지만 칼뱅 신학의 형식적 차원에 대한 탐구의 중요한 기반을 제공하는 연구로서 숙고할 가치가 있다.73) 바우케는 주의 깊은 관찰을 통해 다음과 같은 물음을 설정한다. 연구자들에 따라 인식과 판단의 차이를 일으키고 있는 칼뱅 신학의 본래적 성격은 무엇인가?

바우케에 의하면 칼뱅 신학의 열쇠는 어떤 개별적 내용 요소나 교리 조항도 아니고, 또는 모든 다른 교리를 이끌어낼 수 있는 중심교리가 존재하는 것도 아니다. 그것을 발견하려는 노력은 칼뱅 연구자들 간의 분열을 일으킬 뿐이다. 사실상 종래의 칼뱅 연구가 보여준 성과가 있다면, 그것은 칼뱅은 한두 가지의 교의적 명제에서 사변적 신학을 끌어내는 체계론자가 아니었다는 것이다. 칼뱅 신학은 어떠한 소재 원리도 가지고 있지 않다.

바우케는 오히려 칼뱅 신학의 형식에 그의 교리를 정확히 이해하는 열쇠가 있다고 생각했다. 여기서 형식이란 단지 외적인 꾸밈, 문체, 주제들의 분류와 배치 등을 가리키는 것이 아니라 모든 신학 내용의 내적 전개와 조직을 이끌어 가는 사유 방식과 매개 개념들을 뜻한다.

① 칼뱅 신학의 형식적 특성

바우케는 칼뱅 교리의 조직적 구성에서 세 가지의 본질적인 특성을 구분한다.

합리주의

그 첫째는 합리주의이다. 이 합리주의란 내용에서가 아니라 형식적인 합리주의를 말한다.[74] 칼뱅은 형식적인 변증법을 가지고 그의 신학적 내용을 지배한다.[75]

'대립의 복합(complexio oppositorum)'

둘째 특징은 '대립되는 것의 복합(complexio oppositorum)'이다.

기독교 신앙에는 영과 육, 신성과 인성, 의인과 죄인, 하나님의 형상과 전적 타락, 믿음과 행위(존재와 기능), 초월과 내재(신비와 역사), 개인과 공동체, 긍휼과 심판, 하나님의 주권과 인간의 책임, 영성과 제도성, 특별은총과 일반은총, 선교의 원심성과 구심성 등 수다한 개념의 대극들이 있다.

칼빈의 저작에는 대극의 양면이 다 발견되는데 그 이유는 그가 신학적 논리구조를 충족시키기보다는 성경의 방법을 좇아서 신앙의 현실을 있는 그대로 논하기 때문이다. 그래서 그의 신학에서는 내용상 '대립의 복합'이 나타난다. 대표적인 예가 하나님의 주권적 예정과 인간의 자유에 따른 책임이다. 그는 회중의 영적 상황에 따라, 세상적 삶의 실패로 인해 신앙을 상실할 두려움에 빠진 자들에게는 초월적인 은총의 예정을 설교하기도 했고, 반면 교만과 불순종에 빠진 자들에게는 인간의 책임을 준엄히 책망하기도 했다.

이러한 대립되는 맥락들은 초월적인 '하나님의 통치'의 현실이다. 인간에게는 대립의 맥락 중 한 가지를 선택할 가능성만이 주어져 있다. 거기서 자신이 설 자리를 분별하고 선택하는 것이 엄위한 신앙의 실존이다. 창세기 45장의 총리가 된 요셉과 그 형제들의 대화 속에는 하나님의 주권을 고백하는 요셉과 자신들의 죄책을 인정해야 하는 형제들의 상반된 입장 차이가 극명하게 드러난다. 그러나 하나님의 초월적 주권 속에서 이 대립은 변증법적 양극성으로 통합되어 있다.

칼뱅의 신학에서는 교리들이 논리적으로나 형이상학적으로 서로 대립할지라도 형식상의 변증법에 의해 서로 연결되는데, 그것이 칼뱅 신학의 역동성의 근거이다. 바우케는 칼뱅이 형식적인 변증법을 가지고 그의 신학의 내용을 지배한다고 평한다.76)

성서주의

세 번째 특징은 '성서주의'이다. 이는 모든 자료를 성서에서 끌어내는 문자적 의미에서가 아니라 "교의학은 본질적으로 성서의 주제에 대한 주해여야 한다"라는 원리에 근원을 두는 성서주의이다.

바우케는 이처럼 칼뱅 신학을 구성하는 형식 차원의 특성에 주목함으로써 칼뱅 해석자들 사이의 대립을 해소하려고 했다. 바우케는 칼뱅의 신학이 전적으로 새로운 종교의 학식 있는 표현이라기보다는, 내용에서는 루터적이지만 루터와는 다른 정신적 경향에서 만들어진 새로운 형식을 부여했다고 보았다.77) 즉 루터가 기독교 복음을 이신칭의라는 법정적 교리의 양식으로 제시하며 기독교 신학의 중심을 구원을 얻는 방법에 두었다면, 칼뱅은 당시 로마의 공로 신학을 거부하는 루터에게 전적인 동의를 표하되 복음을 하나님을 아는 지식으로 재정의하며, 영적인 앎으로써 그것에 참여하는 것(participation into the divine knowledge)을 신앙으로 제시한다.78)

그 결과, 루터파 신학이 구원개념을 토대로 구성되는 것과 달리 칼뱅의 개혁파(the Reformed) 신학은 하나님의 영광을 중심개념으로 하여 발전한다. 두 교파의 이러한 신학적 상이점은 종교개혁 이후 서구 근대의 문명형성에서 적지 않은 차이를 가져오게 된다.79)

② 이중 신지식론(duplex cognitio Dei)

> 태양을 육안으로 쳐다본다고 알게 되는 것이 아니듯, 우리는 하나님에 대하여 외면적으로, 불분명하게 인식하는 것에 불과하다.

칼뱅 신학 전체의 성격을 규정하는 요인을 교의적 내용보다 신학의 형식적 원리에서 찾는 접근방식에서 핵심적인 요소는 칼뱅의 신학적 인식론에 있다. 그것은 칼뱅이 《기독교 강요》에서 줄곧 서두에 제시하는 '이중 지식론(twofold knowledge)', 또는 '이중 신지식론(duplex cognitio Dei)'을 가리킨다. 칼뱅 연구자들은 이것을 칼뱅 신학의 하나의, 또는 유일한(either a or the controlling principle) 통제원리로 간주해야 한다고 말한다.80)

칼뱅이 자신의 《기독교 강요》를 대부분의 다른 신학 저술이 그러하듯 존재(existence)나 존재자(being)에 관한 물음(What is God?, What is God's nature)으로 시작하지 않고 '하나님을 아는 지식(knowledge of God)' 개념을 앞세우는 것은 칼뱅의 신학이 구조와 내용 모두에서 계시에 중심을 두고 있기 때문이다. 그가 창조주, 창조, 섭리의 개념을 다루는 것도 하나님 자체보다 하나님의 계시적 행동과 사건에 치중함을 의미한다.[81]

이것은 중세는 물론 후기 칼뱅주의에서조차도 신론에서 신 자체를 현저히 더 많이 논하는 것과 대비되는 특징이다. 그는 인간이 하나님을 안다는 것을 결코 낙관적으로 보지 않는다. 그는 인간이 초월하고 엄위하며 거룩하신 하나님을 직접적으로 온전히 인식할 수 없다고 믿는다. 그가 종종 비유적으로 말했듯이, 한낮에 태양을 육안으로 쳐다본다고 태양에 대해서 알게 되는 것이 아니고, 우리는 하나님에 대하여 다만 천둥을 인식하는 것처럼 외면적으로, 불분명하게 인식하는 것에 불과하다고 생각한다. 그러므로 '하나님에 대한 앎'이란, 계시를 어떻게 인식하고 해석하는가에 크게 의존되는 것이다.

칼뱅 신학의 인식론적 토대에 대한 학문적 동의가 점증하게 된 이유는, 성서를 하나님의 계시로 간주하며 신학의 원천으로 삼는 칼뱅 특유의 '말씀의 신학'의 성립은, 신앙을 중세의 신비주의 전통에서처럼 '경험'이 아니라 '지식'으로 간주하는 신학적 인식론의 전환에 말미암는다는 사실에 주목하게 되었기 때문이다. 이것이 그의 신학을 말씀의 신학이라고 칭하는 이유이다.

칼뱅 신학의 특징으로 지칭되는 말씀의 신학은 종교개혁 신학의 원리인 '오직 성경(sola scriptura)'의 실천적 구현이라고 할 수 있다. 이것은 단순히 신학적 논리 한 가지를 추가한 것이 아니라 중세에서 종교개혁의 시대로 넘어가면서 신학 및 신학함(doing theology)의 새로운 지평을 제시한 것이었다.82)

2. 칼뱅의 신학적 인식론

가) 이중 신지식론(Duplex Cognitio Dei)

칼뱅의 신학적 인식론의 요체는 두 가지로 말할 수 있다. 첫째로 신지식이 창조주(Creator)로서의 하나님과 구속주(Redeemer)로서의 하나님의 양면으로 나누어진다는 것이며, 둘째로 하나님을 아는 지식은 인간 자신(self)을 아는 지식과 결합되어 있다는 것이다. 즉 하나님을 알기 위해서는 인간 자신에 대하여 알아야 하며, 인간이 자기 자신을 알기 위해서는 하나님을 알아야 한다는 것이다.83)

1) 두 지식은 무엇을 가리키는가?

《기독교 강요》를 지배하는 이중 지식론은 "거룩한 지혜는 하나님에 관한 지식과 우리 자신에 관한 지식의 두 부분으로 구성되어 있다"라는 진술이다.

칼뱅의 이중 신지식론(Duplex Cognitio Dei)에서 '이중의 지식(two fold knowledge)'이란 무엇을 가리키는가? 어떤 이들은 '창조주로서의 하나님'과 '구속주로서의 하나님'을 가리키는 것으로 이해하며, 다른 이들은 '하나님을

아는 지식'과 '자신(self)을 아는 지식'을 의미하는 것으로 본다.[84]

《기독교 강요》의 초판(1536)은 제1권의 첫 장이 '하나님을 아는 지식과 자신(self)을 아는 지식'으로 되어 있으며 "이 두 지식은 여러 겹으로 결합되어 있어서 결코 나눌 수 없다"라고 서술한다. 한편, 1559년의 최종판은 전체적 구성을 조정하며 각 권의 제목에 변화를 주었는데, 제1권을 '창조주 하나님에 관한 지식'으로, 제2권을 '구속주 하나님에 관한 지식'으로 했다. 그러나 이때도 제1권 제1장의 표제는 여전히 "하나님에 대한 지식과 우리 자신에 대한 지식은 어떻게 상호 연관되는 것인가?"로 유지되고 있다. 즉 1536년의 초판에서부터 마지막 수정 증보판인 1559년 판에 이르기까지 '하나님을 아는 지식'과 '인간 자신을 아는 지식'의 불가분성은《기독교 강요》에서 부동의 서론(prolegomena)의 자리를 지킨다.

'이중 신지식'에서 두 지식이 무엇을 가리키는가의 토론에서 요점은 두 지식의 개념을 단지《기독교 강요》의 장별 구성과 제목을 통해 파악할 것인가, 아니면 조직신학에서 신학 전체의 방법적 원리를 밝히는 서론(프롤레고메나)에서 찾을 것인가의 견해 차이이다. 파커(T. H. Parker)는 칼뱅의 신학적 사고의 원리를 상징하는 '두 지식론'은 후자이어야 함을 다음과 같이 주장한다.

《기독교 강요》의 신학적 형식을 창조주 하나님에 대한 지식과 구속주 하나님에 관한 지식에 의해 지배받는 것으로 해석하는 것은 오해이다. 이런 식으로 보는 것은 칼뱅의 의도를 곡해하는 것이며 그의 신학을 잘못 해석하는 것이다. 오히려 《기독교 강요》를 지배하는 이중 지식은 1536년 초판의 첫 문장, "거룩한 교리(1539년 판에는 '우리의 모든 지혜'로 바뀜)의 총체는 하나님에 관한 지식과 우리 자신에 관한 지식의 두 부분으로 구성되어 있다"라는 진술이 보여주고 있다. 이 같은 하나님과 인간의 관계로서의 신학에 대한 심오한 이해는 첫 장에만 국한되어 있는 것이 아니다. 이런 이해는 어떤 교리가 토의되든지 간에 그 교리의 전제로서 《기독교 강요》의 저변에 깔려 있다.[85]

또한, 제네바에서 최초로 칼뱅 전집을 출판한 편집자들을 통하여 우리는 그 당시 사람들이 이해한 바를 살펴볼 수 있다.

저자는 이 《기독교 강요》에서 이중적 목적(sopus duplex)을 가지고 있다. 전자는 하나님에 관한 지식인데, 그것에 의해 우리는 축복된 불멸에 도달한다. 후자는 우리 자신에 관한 지식인데, 이것은 전자에 따라 결정된다. 그는 이 목적을 위하여 모든 그리스도인에게 가장 친숙한 사도신조의 형식을 사용한다. 그 신조가 네 부분으로 되어 있듯이 - 즉, 첫째는 하나님 아버지에 관한 것이며, 둘째는 아들에 관한 것이며, 셋째는 성령에 관한 것이며, 넷째는 교회에 관한 것이다. - 우리의 저자도 《기독교 강요》를 네 권으로 나눔으로써 앞에 말한 두 목적을 성취하고 있다.86)

그리고, 《기독교 강요》의 증보를 거듭하며 구성이 달라진 이유를 추론해 보는 것도 필요하다. 칼뱅이 《강요》의 초판을 작성한 것은 개신교 신앙이 이단시되며 의혹과 박해 아래 놓였을 때 개신교 신앙의 진정성을 간결하고 신속히 변증하려는 목적에서였다. 그러므로 신앙과 삶의 모든 조항을 다룰 수는 없었다. 그러므로 초판은 개신교 신앙의 원리적 특성에 집중한 것이라고 보아야 한다. 더욱이 신학자의 유형으로 볼 때, 칼뱅은 연륜이 쌓이며 점진적으로 자신의 사상을 완성해 가는 유형이 아니라, 초기의 천재성에 의해 형성된 사상이 말년에까지 보완적으로 지속되는 유형에 해당한다.

이에 비하여 1559년까지의 증보판은 《기독교 강요》가 교육적 목적으로 사용되면서 점점 필요한 항목이 증가함으로 인해 확장된 것이고, 그에 따라 구성을 달리할 필요가 생겼기 때문으로 본다. 그리고 《강요》의 구성이 기독교 신앙의 가장 보편적 형식인 사도신경의 순서를 따른 것임을 본다면 이 견해의 설득력은 약해진다.

더욱이 칼뱅이 증보판을 통해 자신의 신학의 인식론 및 방법론적 원리의 변화를 제시하고자 했다면, 마땅히 《강요》의 서론을 통해 그것을 상술했어야 할 것이다. 그러나 장별 구성이 바뀌면서도 서론에 해당하는 1권 1장의 서술이 초판 그대로 최종판까지 실리고 있다는 사실은 그의 신학적 사고는 원리적으로 변함이 없으며 '이중 신지식론'은 칼뱅 신학의 중심원리라고 하기에 부족함이 없다.[87]

중세 말 교회의 부패가 신앙에 관한 무지와 오류 때문이라고 판단한 칼뱅은 신앙을 하나님을 아는 참된 지식으로 재정의하며, 하나님을 아는 참된 지식을 얻기 위한 앎의 방법 즉 인식론에 집중한 것이다. 그리하여 이중 신지식론은 《기독교 강요》의 서론으로 출발하여 성서와 성령의 조명 교리와 연결되면서 '말씀의 신학'의 인식론적 기반을 이룬다. 그것이 의미하는 바는, 신지식은 계시인 성서에 의해서 주어지는 것이며, 성서는 단순히 인간의 이성에 의해서가 아니라 성령의 조명에 의해서 이해된다는 것이다.

2) 칼뱅 신학에서 지식(knowledge 또는 knowing)의 의미

칼뱅이 인식행위를 심리학이나 형이상학적으로 연구한 것은 아니다.[88] 그럼에도 우리가 '이중 신지식론'을 칼뱅의 신학적 인식론이라고 부르는 이유는 그가 인식의 문제, 즉 앎을 얻는 참된 방법에 관하여 지극히 예민한 관심을 가졌기 때문이다. 그것은 칼뱅 자신의 개인적인 문제의식만은 아니었다. 그것은 르네상스 시대의 정신적 변화에서 주요 국면인 인식론적 전환과 궤를 같이하고 있다.

신지식에 대한 칼뱅의 접근방식을 살피기 위해서 먼저 칼뱅의 신학 저술에서 지식이 어떻게 정의되고 있는지 살펴보아야 한다. E. 다위가 지적하듯이, 칼뱅은 자신의 신학의 기초를 '신지식', 즉 하나님을 아는 지식에 둔다. 그에게 있어서 '지식'이라는 말은 그 단어가 어떤 의미를 포함하든지 간에 단순히 관찰이나 발견 또는 기억으로 얻어지는 순수하게 객관적인 지식을 뜻하지는 않는다.89) 철학으로부터 추론된 하나님에 대한 추상적 지식은 칼뱅의 관심이 아니었다. 그와 반대로 하나님이 '인간과 맺는 관계에 대한 지식'이며, 루터도 이미 가르친 바와 같이 '우리로 하여금 하나님께 대한 사랑과 두려움으로 나아가게 하면서 하나님이 주신 혜택에 감사드리게 하는 지식'이다.

《강요》에서 지식은 믿음의 정의와 속성을 설명하기 위하여 쓰이는 말이 되고 있다. 예를 들어 《강요》 3권 2장 14절 소제목은 '더욱 고급한 지식으로서의 믿음'이다.

우리가 믿음을 지식이라고 부를 때, 이것은 인간의 감각적 지식의 대상이 되는 것들과 관련된 그런 종류의 것들을 의미하지 않는다. 왜냐하면 믿음은 감각을 훨씬 초월한 것이므로 인간의 정신은 믿음에 도달하기 위해 자신을 초월하고 넘어가야 하기 때문이다. 인간의 정신은 자신이 도달한 곳에서조차 자기가 느끼는 것을 이해하지 못한다. 그러나 인간의 정신은 자신이 파악하지 못한 것을 확신하는 동안에는, 그 확신의 (바로 그) 확실성으로 인하여 그 자체의 능력으로 어떠한 인간적인 것을 인식하는 것보다 더 많이 이해한다. 그러므로 바울은 믿음이 "지식에 넘치는 그리스도의 사랑을 알아 그 넓이와 길이와 높이와 길이가 어떠함을 깨닫는 능력"(에베소서 3:18-19)이라고 아름답게 묘사한다. 바울이 말하고자 하는 것은 우리의 정신이 믿음으로써 수용하는 것이 모든 점에서 무한한 것이며 이런 종류의 지식이 다른 모든 이해보다 훨씬 더 고급하다는 점이다.[90]

신앙과 관련한 칼뱅의 지식 개념은 철저히 성서에 근거한 것이다. 그는 《기독교 강요》 3.2.14에서 계속하여 바울의 다른 서신과 바울 서신 이외의 성서에서 사용되는 지식 개념을 상기시킨다.

주님께서는 '만세와 만대를 내려오며 감추었던 그 뜻의 비밀'(골로새서 1:26, 2:2)을 그의 성도들에게 나타내셨다. 바로 그러한 이유로 믿음은 자주 '앎'이라고 불리고(에베소서 1:17, 4:13, 디모데전서 2:4, 베드로후서 2:21), 또한 요한은 믿음을 '지식(agnitio)'으로 부른다. 요한은 신자들이 스스로 하나님의 자녀인 것을 '안다'고 선포한다(요한1서 3:2). 그들이 이러한 사실을 확실히 알고 있음이 명백하다. 그들은 이성적 증거를 통해 가르침 받기보다는 하나님의 진리에 대한 확신을 통해 더욱 강해진다. 바울도 역시 이러한 점을 지적한다. 즉 그는 "우리가 몸에 거할 때에는 주와 따로 거하는 줄을 아노니 이는 우리가 믿음으로 행하고 보는 것으로 하지 아니함이로라"(고린도후서 5:6-7). 여기서 바울은 우리가 믿음을 통해 아는 그러한 일들이 우리와 함께 있지 않고 눈으로 볼 수 없는 것임을 보여준다. 이러한 사실로부터 우리의 믿음의 지식이 이해가 아니라 확신이라고 결론짓는다.91)

이 지식은 공허한 추측이나 머릿속을 맴도는 사변(思辨)이 아니라 가슴에 뿌리박으며 견실해지는 지식이다. 이는 객관적이지만 주관, 즉 사고의 주체를 견실케 하는 지식이라는 의미를 갖는다. 그리고 이 지식은 산 체험에서 얻어진다.92)

3) 신지식의 원천: 성서와 성령의 조명

칼뱅은 종교개혁을 신앙에 대한 무지와 오류를 올바른 '지식'으로 대치하는 일로 간주한다.

그러면 인간이 어떻게 이러한 지식을 획득할 수 있는가? 지식은 칼뱅의 신학에서 근본 범주였으나, 그때의 지식은 감정이나 사변적 추론으로 발견되는 것이 아니라 하나님의 계시인 성경의 텍스트에서 찾는 것이었다. 그때, 텍스트의 이해는 이성의 작업이 아닌 신앙 안에서 성령의 작업이었다.

칼뱅의 사상은 존재를 이성으로써 이해하는 것이 아니며, 존재론이나 형이상학적 명제 위에 세워진 것도 아니다. 그것은 전적으로 하나님 말씀의 자기 계시에 근거한 것이다. 하나님의 계시는 신앙 안에서 성령의 조명에 의한 설득과 회심을 통해 인식될 수 있다. 그것은 신성으로부터 빛이 비추어지는 것과 같은 초월적 신비 현상이 아니라 하나님이 의도한 바를 피조물 인간의 인식기관에 인식되도록 '맞추어 주시는(accomodation)' 일이다.

어느 누구도 성령의 가르침을 받지 않는 한 하나님께 대한 온전한 교리에 대해 극소량도 맛볼 수 없으며 하나님의 실체에 대해 깨닫지 못할 것이다.[93]

칼뱅이 자기 시대의 상황을 지식의 문제라는 관점에서 생각하고 고민했다는 것은 그가 종교개혁을 신앙에 대한 무지와 오류를 올바른 '지식'으로 대치함으로써 진실한 신앙을 회복하는 일로 간주한 데서 잘 나타난다. 이것은 프랑수아 1세를 향한 헌정사에서도 표현되어 있고, 《기독교 강요》에서 일관되게 나타난다.

신지식론은 《강요》의 서두에 그의 신학의 출발점으로 제시되었고 본격적으로는 강요의 3권 제1장, '우리가 그리스도의 은혜를 받는 길'에서 비로소 충분히 전개되었다. 사실상 《강요》의 제1권의 첫 9개 장은 그의 신학 작업을 전개하기 위한 인식론적 서론이며, 제2권의 주요부도 기독교적인 지식을 구성하는 일에 관한 것이다.94)

그러면 지식의 개념으로써 신앙을 규명하고 바른 신학을 세우려는 그의 접근방법은 어디에서 온 것인가? 그것은 칼뱅의 모든 신학적 사고가 그러하듯이 철저히 성서에 근거한 것이고, 동시에 그의 시대에 진행되고 있었던 르네상스의 정신적 변화에 깊이 뿌리박은 것이었다.

나) 칼뱅의 인식론의 배경

1) 성서의 지식 개념

신앙을 일종의 지식이라는 개념으로서 이해하고 설명하는 칼뱅의 관점은 신구약성서를 관통하는 성서의 주요한 전승의 하나이다. 그중 가장 중심되는 것은 지혜서의 "하나님을 경외하는 것이 지식의 근본"이라는 명제이다.95)

이러한 관점은 지혜 전승 외에도 성서의 거의 모든 장르에서 발견된다. 율법은 그 가르침과 규례를 '지식이요 지혜'라고 선언한다.96) 선지서인 호세아서는 종교적 의례에 대한 열정이 사라진 것은 아니나 율법의 도덕률이 파괴되고 우상숭배에 빠진 이스라엘을 가리켜 "내 백성이 지식이 없어 망하도다. 여호와를 알자, 힘써 알자"97)라는 말로써 탄식과 경고를 선포한다.

신약에서도 요한의 복음서는 영생을 가리켜 '그리스도를 아는 것'이라 하였으며, 예수를 그리스도로 믿고 그 교훈 안에 거하는 것을 가리켜 '진리를 앎'98)이라고 표현한다. 바울 서신의 구절들은 《기독교 강요》가 '더욱 고급한 지식으로서의 신앙'(3.2.14)에서 주로 인용하고 있듯이 곳곳에서 신앙을 지식이라는 용어로써 서술한다.99)

그 구절들은 종교적인 문맥에서 지식의 의미에 관해 가장 명확하고 간결하게 언급한 것이다. 성서에서의 지식이라는 단어가 의미하는 바는 철학적인 언어로는 '실존적인 이해'라고 할 수 있을 것이다. 물론 성서가 신앙을 지식으로써만 표현하고 있는 것은 아니다. 오히려 구원에 이르는 신앙을 '하나님께 대한 사랑'으로 이해하는 것이 성서의 본질적인 메시지이며,100) 순종과 실천이 진정한 믿음이라고 말하는 것도 성서의 주된 맥락이다.101)

그럼에도 칼뱅이 신앙을 지식의 개념으로 접근하는 이유는, 종교개혁을 불러일으킨 중세 말의 종교 상황의 핵심이 윤리적 부패의 근저에 있는 교리의 왜곡이라는 점을 강하게 인식하였기 때문이다. 교의란 신앙의 여러 요소 중 가장 지적인 내용을 의미한다. 여기서 그는 신앙을 지식 개념으로 접근하되 성경이 의미하는 지식의 뉘앙스를 약화시키거나 놓치지 않는다. 오히려 성서의 특유한 지식관과 인식론을 더욱 강하게 부각시킨다.

우리가 마음으로 경외하지 않고는 하나님을 이해할 수가 없습니다. 단지 하나님을 경외와 찬양의 대상으로 주장하는 것은 충분하지 못합니다. 하나님께서는 당신이 창조하신 우주를 무한하신 권능으로 유지하시는데, 이러한 하나님의 능력을 의식하는 것은 신앙을 낳게 하는 경건을 우리에게 가르쳐 주기 때문입니다. 경건은 하나님께 대한 경외(敬畏)와 사랑이 결합된 것을 가리키는데, 이 사랑은 그의 은혜를 깨달아 앎으로써 오는 것입니다.[102]

이같이 하나님을 아는 지식, 신앙의 지식은 하나님의 성령의 은혜로운 작용에 의해서만 죄의 지배에서 자유롭지 못한 인간들에게 인식된다. 타락으로 인한 죄성의 지배는 도덕적 의지의 영역뿐 아니라 감성과 지성의 인식능력에까지 미치고 있기 때문이다. 하나님을 아는 지식은 경건에 의해서만 인식되는 지식이라고 할 수 있다. 종교개혁이 로마 카톨릭의 공로신앙을 극복하고 성서의 은총의 교리를 회복할 수 있었던 것은 이신칭의의 구원론과 함께 계시관에서 성서적인 인식론을 회복했기 때문이라는 점을 간과해서는 안 된다.

그리고 이러한 성서적 인식론이 명시적으로 교리화된 것은 성령의 조명에 관한 가르침이다. 그는 이전의 누구보다 분명하게 성령의 조명 교리, 즉 성령과 말씀의 밀접한 관계에 대한 교의를 수립하고 천명했다. 워필드(Benjamin Breckinridge Warfield, 1851~1921)가 칼뱅을 성령의 신학자로 규정하고자 한 것이나 밀너(Benjamin C. Millner jr., 1822~1995)가 말씀과 성령의 상관관계를 칼뱅 신학의 중심교리로 부각시키려 한 것도 그 때문이다.

신앙을 신 인식의 관점에서 지식의 개념으로 이해하는 것은 성서 속에서 충분히 근거를 찾을 수 있지만, 당시의 신학자들이나 신자들에게는 익숙한 것이 아니었다. 그럼에도 이것을 신학의 인식론적 근거로 삼고, 자신의 신학의 구성원리로까지 발전시킨 것은 칼뱅의 독특한 신학사적 기여이다.

칼뱅의 모든 신학적 사고는 철저히 성서에 근거한 것이고, 동시에 르네상스의 정신적 변화에 깊이 뿌리박은 것이었다.

이에 대하여 우리는 그러한 신학적 전진을 가능케 한 요인이 무엇인가에 관심을 갖게 된다. 칼뱅의 신학의 특성을 말할 때, 그가 철저하게 성서를 중심으로 하고 있으며 성서에만 근거하여 신학 작업을 하고 있다는 점을 강조하곤 한다. 사실상 칼뱅 신학의 모든 요소는 다른 원천 아닌 성서 속에서 발견되는 것이 사실이다.

그렇지만 칼뱅 신학의 원리와 그 신학의 역동성을 재창출하기 위해서는 그가 성서 속의 특정한 맥락과 개념을 발견케 한 요인이 무엇이었는가에 관심을 기울여야 한다. 한 신학자의 새로운 사상의 의미를 탐구하는 것이 순수한 신학적 연구의 범위에 속한 것이라면, 그것을 가능케 한 요인이 무엇이었는가를 고찰하는 것은 신학과 시대정신과의 상관관계를 추구하는 역사적 연구의 주요 과제라 할 것이다.

신학자의 탁월성은 자신이 속한 역사와 문화로부터 초월적으로 유리된 채 계시의 대변자 역할을 하는 데 있는 것이 아니라 오히려 그 시대의 특성을 다른 사람들보다 더 민감하게 의식하고 거기에 신앙적으로 반응하는 데 있다고 한다면, 칼뱅은 그러한 대표적인 경우로 평가될 수 있다.103)

여기서는 칼뱅의 신학 작업(doing theology)이 당시의 시대정신인 르네상스의 인식론의 변화의 흐름에 뿌리박고 있었다는 사실에 주목하고자 한다. 당시의 인식론적 변화의 성격과 칼뱅이 올바른 앎의 방법, 즉 인식의 문제에 관심을 두고 있었다는 근거를 다음에서 살펴보려고 한다.

2) 르네상스 인식론의 위기

'이중 신지식론'에 담긴 신학적 인식론의 전제는 르네상스 시대의 신학과 철학 전반의 변화를 뚜렷이 반영하는 것이었다. 《기독교 강요》에서 칼뱅의 신학적 담론은 종교개혁의 시대에 단순히 무지와 오류를 대체할 바른 지식을 제공하는 것에서 그치지 않고, 서두에서부터 "우리가 무엇을 알 수 있는가?", "어떻게 알 수 있는가?", 그리고 "어떤 것을 안다는 것은 무엇을 의미하는가?"라는 인식론적 논의를 전개함으로써 독자를 자신의 논지 속으로 끌어들인다.104)

서린 존스(Serene Jones, 1959~)는 이 사실을 주목하여 칼뱅의

'이중 신지식론'은 당시 독자의 주류를 이루는 인문주의 성향의 르네상스 지식인들에게 어필하는 수사학적 전략이었다고 평가한다.105) 이 말은 그만큼 칼뱅이 《기독교 강요》를 통하여 자신이 믿는 올바른 신앙의 도리를 제시하고자 할 때 자신의 독자들의 마음의 성향과 욕구를 인지하고 있었다는 것을 의미한다.

《기독교 강요》는 유한계급 학자들의 학문적 탐색이나 대학의 학위논문이 아니라, 처절한 박해의 현실 속에서 군주와 그리스도인 지식 대중을 설득하고 그들의 마음을 얻어야 한다는 절박한 변증과 수사학적 과제에 의하여 집필된 저술이었다. 이 점을 고려할 때, 칼뱅이 취한 접근방식과 담론의 설계에는 당시의 독서 대중들에게 호소력을 갖기 위한 문제의식이 반영되었을 것을 의심할 수 없다.

칼뱅의 시대는 '르네상스의 인식론적 위기'라고 부를 만큼 중세의 이성 지배의 인식론과 지식관을 탈피하여 새로운 인식의 근거를 모색하는 전환기였다. 칼뱅 자신도 이 시대에 올바른 앎(knowing)의 문제에 몰입되어 있었다는 사실은 《기독교 강요》를 비롯한 그의 저술의 어느 곳에서나 찾아볼 수 있다.106) 인간이 무엇을 알 수 있는가? 라는 인식 가능성에 대한 회의는 칼뱅보다 1세기 뒤의 인물인 데카르트에 의해 현저히 드러나는 것이지만, 사실상 이 전환은 그보다 훨씬 일찍부터 진행되

고 있었다.107)

칼뱅 시대의 인식론적 전환은 이전부터 내려오는 전통적인 관념에 비추어 볼 때 선명해진다. 그것은 첫째, 이성에 근거한 인간의 인식능력에 대한 낙관론이다. 인간의 정신은 존재하는 것을 있는 그대로(as it really is) - 마치 신(神)이 아는 것처럼 - 알 수 있는 능력이 있다는 것이다. 이러한 낙관주의는 인식의 행위에서 정신은 인식되는 대상과 연합되어 동일시된다는 개념으로 표현되었다.108)

이러한 전통적 관념이 갖는 속성의 하나는 인식에 권위주의와 절대주의적인 성격을 부여한다는 것이다. 만일 우리가 자신의 지식이 한 사물을 있는 그 자체대로 파악한 것이라고 확신한다면 여기에는 이견의 수용이 있을 수 없다. 그러므로 만일 우리가 이런 입장에 서게 되면 자연과학은 물론 역사에서도 이견은 곧 이단으로 정죄되고 말 것이다.

전통적 인식론은 또 다른 몇 가지 낙관론을 내포하고 있다. 언어는 적절히 사용되기만 한다면 사물을 취급하기에 충분한 매개가 될 수 있다는 태평스러운 가정이다. 칼뱅의 시대에 일어나고 있던 변화를 이해하기 위해서는 인식에 관한 전통적 관념에 대한 또 하나의 사실을 알아야 한다. 그것은 앎이란 일종의 봄(seeing)에 유비(類比)되었다고 보는 것이다.109)

중세의 가장 탁월한 성서학자로 평가되는 리라의 니콜라스

(Nicholas of Lyra, 1265-1349)는 사도 도마가 부활하신 그리스도의 상처를 보아야만 믿을 수 있다고 한 것은, 감각 중 시각이 갖는 특별한 신빙성의 표현이라고 해석했다. 가견 교회(visible church)와 시각적인 성찬 예전을 중시한 것에서도 우리는 그러한 관념이 작용함을 식별할 수 있다. 이러한 경향은 영상적 이미지를 사용하는 중세의 관행에서도 발견된다. 13세기 수도사인 제노아의 요한은, "경건의 감정은 듣는 것보다 보는 것에 의하여 더 효과적"이라고 말한 바 있다.110)

이러한 관념에 함축된 중요한 신학적 의미는 인간이 하나님을 존재하는 그대로, 인간 존재의 조건에 제한받지 않고 알 수 있다는 암시였다. 이때, 신학은 하나님에 의해 고안된 진리를 전달하는 절대적이고 불변하는 타당성과 권위를 지니는 하나의 과학이 된다. 그러므로 신학적 지식 역시 일종의 확실성을 주장할 수 있는 성질의 것이 되었다. 성경의 이해에서도 이러한 입장은 오늘날 해석학의 문제라고 부르는 요인들 즉, 지적·심리학적·도덕적·문화적·역사적 한계에 대한 인식을 배제하는 것이었다.

① 전통적 인식론의 해체

이러한 전통적 인식론은 14세기부터 침식되기 시작한다. 15세기의 가장 영향력 있는 신학자였던 장 제르송(Jean Gerson,

1363~1429)은 이러한 위기에 대하여 "박사들 사이에서도 의견들이 서로 다를 뿐 아니라 모순되는 경우들이 빈번하게 있었다. 경우에 따라서는 기질의 차이, 또는 환경적인 차이 때문이었다. 그리하여 머리의 수만큼이나 많은 의견들'이라는 우스갯소리가 생겨나게 되었다"111)라고 언급한 바 있다.

칼뱅보다 2세대 앞선 인물로서 피렌체에서 한때 강력한 회개의 신앙 운동을 일으켰던 설교자요 개혁자인 사보나롤라 (Girolamoavonarola, 1452~1498)는 그리스 회의주의자들의 작품들이 대단히 유익하다는 것을 발견하고, 죽음을 앞두고 이 작품들을 그리스어에서 라틴어로 번역할 것을 부탁했다. 왜냐하면 그는 많은 사람이 자기들이 무엇을 알고 있다고 뽐내는 이 무지를 대단히 혐오했기 때문이었다.112)

라블레(Rablais, 1494~1553?)는 점증하는 회의주의가 학교들에 일으킨 혼란에 대하여 그의 작품 속에서 서술하고 있다.

세상은 내가 관찰하기 시작한 처음부터 오래된 혼란에 빠지고 말았다. 이제 우리는 이 지경에 이르고 말았다. 그래서 대부분의 박식하고 주의 깊은 철학자들은 피로주의자들 (Pyrrhonians), 유동주의자들(Aporrehetics), 회의주의자들(Skeptics), 판단보류주의자들(Ephetics)의 사고방식과 연관되어 있지 않은가! 좋으신 하나님은 찬양을 받으소서! 참으로 지금부터

는 사자의 갈기를 붙잡는 것이, 말의 갈기를 붙잡는 것이, 황
소의 뿔을 붙잡는 것이, 들소의 주둥이를 붙잡는 것이, 늑대
의 꼬리를 붙잡는 것이, 이러한 종류의 철학자들이 하는 말
들을 알아채는 것보다 더 쉬울 것이다.113)

② 비성직자 인문주의자들의 회의주의

성직자가 아닌 인문주의자들은 일찍부터 회의주의로 향하
고 있었다. 살루타티(Coluccio Salutati, 1331~1406)는 "이성에 의해 파
악될 수 있는 모든 진리는 그 반대되는 이성에 의해 의심스러
운 것으로 여겨질 수 있다. 네가 더 많이 알면 알수록 너는 그만
큼 더 진실되게 네가 아무것도 모르고 있다는 것을 알게 될 것
이다. 왜냐하면 올바로 이야기하자면 우리에게 지식이라고 여
겨지는 것은 사실에 있어서는 일종의 합리적인 불확실성에 지
나지 않기 때문이다"라고 기록하고 있다.114)

마키아벨리(Niccolò Machiavelli, 1469-1527)는 "사람들은 개별적인
일들에 있어서는 별로 속임을 당하는 일이 드물지만, 일반적
인 일들에 있어서는 크게 속임을 당한다"라고 생각했다.115)
또한 귀차르디니(Francesco Guicciardini, 1483~1540)는 사물들의 복잡
성에 당황하여 선언하기를 "세계에 대해 일반적으로 그리고
절대적으로 이야기하는 것, 즉 말하자면 법칙에 의해 세계를
이해하려고 하는 것은 대단히 커다란 오류이다. 왜냐하면 거

의 모든 것들이 여건의 다양성을 통해 차이를 나타내는 특성들과 예외성들을 갖고 있기 때문이다. 이러한 성질들은 하나의 기준을 가지고는 평가할 수 없는 것들이다. 이러한 특성들과 예외성들은 책에 기록되어 있지 않으며, 오직 신중한 분별력만이 이것들을 가르쳐 줄 수 있을 뿐이다"라고 말했다.116) 그는 책으로 전달된 지식의 확실성이 무너지고 있음을 말해주고 있다.

③ 북유럽 인문주의자들의 회의주의

이러한 의심은 북부 유럽의 인문주의에도 널리 퍼져 있었다. 코넬리우스 아그리파(Heinrich Cornelius, genannt Agrippa von Nettesheim, 1486~1535)는 창세기의 타락에 관한 기사를 우의적으로 해석하여 회의주의를 경계하는 교훈으로 가르쳤다. 아담은 신앙을 상징하는데, 이브의 형태를 취하고 있는 이성에 의해 길을 잃게 된다. 이 이성은 이번에는 뱀의 모습으로 나타난 감각 경험에 의해 오도된다고 해석했다.117) 알브레히트 뒤러(Albrecht-Düre, 1471~1528)는 고통스럽게 말하기를 "우리들의 지식에는 오류가 있으며 어두움이 너무나 깊숙이 우리 안에 뿌리를 내리고 있어서 우리는 더듬거릴 수조차 없다"라고 했다.118)

이러한 곤혹스러운 진술들이 모두 동일한 정도를 나타내고 있는 것은 아니다. 그러나 이것들은 칼뱅이 살고 있던 세계의 특징을 드러내 주는 데 분명히 도움을 주고 있다. 이들의 언급에서 뚜렷하게 나타나는 것은 '말과 사물의 밀접한 관계성'이 의심되기 시작했다는 것이다. 여기서 인문주의자들은 언어가 사물에 관한 정보를 전달하는 것 외에 다른 많은 기능에 봉사하고 있다는 것, 그리고 지식을 전달하는 것처럼 보이는 어떤 의사소통 행위가 사실은 전혀 다른 목적이 있다는 사실, 즉 설득이나 아마 심지어 속임수의 성격을 갖고 있다는 것을 발견했다.119) 그리고 스콜라 신학으로 대표되는 철학적 논의라고 하는 것은 잘해야 무용한 것이며, 가장 나쁜 경우에는 도덕적으로 수상한 것이며, 보통의 경우에는 사람을 오도하는 것으로 여겨졌다.

이러한 추세로 말미암은 신학적 변화는, 신학을 과학으로 수립하려는 노력이 중단되었고, 지식의 타당성이란 어느 체계에 일치하는 것으로 얻어진다는 관념이 포기되었다는 것이다.120) 무엇보다 신학이 "얼굴과 얼굴을 대면해서 보는 것이 아니라 오직 거울로 보는 것같이 희미하게"(고린도전서 13:12) 보는 것과 같은 인간적 시도로써 행해지는 작업이라는 의미에서 신학의 인간화가 시작되었다. 이것을 명백히 보여주는 실례는 에라스뮈스와 루터의 서신 논쟁이다. 에라스뮈스에게 보내는 편지에서 루터는 이렇게 말했다.

우리의 싸움은 하나님의 말씀에 관한 것이 아니라, 당신의 격렬한 주장에 관한 것입니다. 왜냐하면 하나님의 말씀은 모순되지 않지만, 이 말씀에 대한 인간의 해석들은 서로서로 모순되기 때문입니다.121)

3) 칼뱅과 인문주의자들의 공통점과 차이점

칼뱅의 사상의 밑바닥에는 이 시대에 "안다는 것(knowing)이란 무엇인가?"에 대한 비판적 성찰과 고뇌가 존재하고 있었으며, 그의 신학은 이러한 문제의식을 신학 작업에 적용한 결과였다.122) 낡은 교회가 주장하는 교리적 지식이 허위였다는 것이 자신을 처음 훈육한 교회를 향한 칼빈의 가장 큰 불만이었다. 따라서 그의 목적은 교회의 무지와 오류를 진리로 대체하는 것이었다. 그 때문에 《기독교 강요》는 종교적 진리의 본질과 그것을 얻는 방법에 대한 고려를 가장 우선으로 하고 있다.

《강요》의 첫 두 책, '창조주 하나님에 대한 지식'과 '그리스도 안에서 구속자이신 하나님에 관한 지식'에서 그는 "인간이 무엇을 알 수 있으며 어떻게 알 수 있는가?"를 논한다. 1권의 첫 9개 장은 내용을 진행하기 전에 하나님에 관한 지식의 가능성과 그 지식을 얻는 과정을 생각하며 제시하는 일종의 인식론적 서론을 구성한다. 2권의 주요부는 기독교 신앙의 지식을 구성하는 것에 관심을 쓴다. 《강요》와 《성서 주석》 등 그의 저술의 곳곳에서 칼뱅은 확실한 지식의 가능성을 유보하는 당시의 일반적인 태도를 반영하고 있으나, 회의주의나 불가지론으로 떨어지지 않고 다시 성서에 입각한 종교적 지식을 수립한다.

결론적으로, 칼뱅 신학의 전체적 구성원리가 된 '이중 신지식론'은 지식을 얻는 방법에 대한 르네상스 시대의 인식론적 사색이 신학에 적용된 것이었다. 그것은 스콜라주의의 이성 지배를 거부하는 인문주의 사조의 경향에 동의하는 것이었다. 그러나 칼뱅의 신학적 인식론에는 통상적인 인문주의자들의 견해와 구별되는 것이 있다. 그것은 경건에 의한 신인식, 즉 "하나님을 경외하는 것이 지식의 근본"이라는 또 하나의 성서적 원리이다. 그러므로 칼뱅의 신학적 성취는, 자기 시대의 일반적인 인식론의 전환에 공감했으나, 그에 머물지 않고 성서 특유의 지식 개념에 근거하여 성령의 조명에 의한 신지식의 가능성이라는 교리를 밝혀낸 점이라고 할 수 있다.

3. 칼뱅의 수사학적 신학

기독교 신학과 수사학의 연관 관계는 고대 교부들 이래로 생소한 것이 결코 아님에도 불구하고 개혁신학의 전통에서는 이 주제가 그다지 많이 연구되지 않았다. 또한 목회적 영역에서도 수사학의 수용에 대해서는 그리 널리 알려지지 않았다.123) 그 이유는 종교개혁은 기독교의 중추적 교리를 개혁한 사건이었고, 이 차원이 너무나 강렬하고 중요시되었기 때문이다.

사실상 종교개혁은 교리뿐 아니라 중세 말의 심각한 도덕적 파탄에서의 개혁이라는 또 다른 중대한 차원을 갖고 있음에도, 교리개혁의 비중 때문에 제대로 조명되지 못했다. 그것을 고려하면 종교개혁의 수사학 수용에 관한 관심이 미약한 것은 이해할 만하다. 그러나 개혁신학의 신학적 특성을 온전히 이해하고 그 역동성을 재생산하기 위해서는 신학함의 목적과 자세뿐만 아니라 성서해석과 신학 언어의 특성까지 조명해야 할 필요가 있다.

이 장에서는 언어적 기교를 넘어서 하나의 지적 전통으로서 수사학 정신의 요체는 무엇이며, 르네상스의 지식인이었던 칼뱅의 신학 속에서 수사학은 어떤 양상으로 드러나는가? 등의 물음을 살펴보고자 한다.

가) 칼뱅 신학과 수사학 정신

1) 수사학자 칼뱅과 문학적 텍스트로서의《기독교 강요》

종교개혁의 역사에서 되돌릴 수 없는 변화를 가져온 인물인 칼뱅은 지난 5세기 동안 다양한 이미지로 비쳐왔다. 신앙의 인물, 지적인 천재, 도덕적 훈육가, 영웅적인 종교 혁명가, 절제 있는 교리의 중재자, 격동의 시대 속의 상처받은 인간상 등 그에게는 여러 가지 초상이 가능하다.

여기에 더하여 우리는 칼뱅에게서 문학적 장인의 이미지를 읽어낼 수 있다. 칼뱅의 문장의 고전적 웅변술과 예리하고 생동감 있는 산문의 호소력을 고려할 때, 그에게서는 예술가적인 측면을 간과할 수 없다. 서린 존스(Serene Jones)에 따르면 그를 문예적 인물로 발견하게 하는 곳은 예술 작품이 아니라 신학 저술인《기독교 강요》이다.124) 이 책은 1536년 초판 간행 이래 1559년까지 긴 세월 동안 5차례나 수정 증보하며 자신이 직접 라틴어에서 모국어인 불어로 번역하였으며, 신학적 구조와 언어적 표현을 다듬고 정제한 고도의 문학적 텍스트이다.

이 책에서 칼뱅은 근대 유럽의 가장 강력한 수사학자의 세심하고 풍부한 언어로 교리의 요약을 직선적으로 전개하는 것과는 다른 방식으로 자신의 신학을 전개한다.125) 무엇보다도 그는 특정한 독자(청중)를 대상으로 고려하며 글을 썼다. 그는 자신의 청중들을 특정한 형태의 그리스도교 신앙의 행동과 신념, 그리고 성향으로 이끌어 가고자 했다. 이 목표를 위해 그는 성서의 통찰과 그리스도교 교리의 문법을 넘어 고대의 수사학 전통을 활용하여 이 설득의 작업을 수행했다.126)

2) 문헌학과 수사학

인문주의 학문의 토대인 문헌학(philology)이 텍스트의 정확한 의미를 추구하는 엄정한 학문이라면, 인문주의 정신의 사회적이고 활동적인 삶의 이상을 반영하는 수사학은 발견된 의미를 효과적으로 전달하기 위한 의사소통의 학문이다.

그러므로 수사학이 신학의 영역에 적용될 때, 그것은 신앙운동에서 정확한 교의의 수립 못지않게 중요한 회중과의 관계 즉, 목양적 관심사와 결부된다. 이를테면 칼뱅이 무엇으로써 제네바 교회의 회중들과 개혁신학도들, 프랑스의 지식인들, 그리고 유럽의 왕들과 귀족들을 움직였는가의 물음에 답하기 위해서는 이 신학의 수사학적 차원을 살펴야 한다.127)

지식 대중의 열렬한 호응을 얻은 칼뱅의 신학적 담론의 호소력의 원천은 그의 신학함(doing theology)의 자세와 목적이었다. 그것은 하나님의 엄위(majesty)에 대한 자신의 독특한 영적 체험에 근거한 확신과 열정이었다. 그러나 이 모든 것은 언어로 표현되어야 한다. 그것을 전달하는 칼뱅의 신학 언어는 그 시대의 인문주의 수사학 전통 속에서 함양된 것이었다.

이 말은 칼뱅 신학에 내재한 수사학적 차원이란 문장 기교와 같은 수사학의 기술적 효과만이 아니라 그의 지성 구조를 형성한 수사학 정신 때문이라는 말이며, 그것은 서구의 지적 전통에서 한 축을 이루는 것임을 이해해야 한다. 근래 칼뱅의 개혁에서 목회적 실천의 영역에 관한 관심이 높아지는 경향은 이 분야의 연구를 주목하게 한다.

3) 칼뱅 시대의 수사학: 키케로 전통

칼뱅 시대의 프랑스 르네상스의 문화에서 수사학은 인문주의 학문의 총아로서 각광받고 있었다. 그 이유는 고전 학예의 부흥 속에서 키케로(Marcus Tullius Cicero, B.C. 106~B.C. 43)와 퀸틸리아누스(Marcus Fabius Quintilianus, 35?~95?)와 같은 고대 수사학의 고전들이 발견되어 널리 보급되었으며, 이탈리아 도시국가들을 선두로 한 새로운 정치 사회적 상황 속에서 수사학에 대한 사회적 수요가 폭발적으로 늘어났기 때문이다. 수사학자들은 교사로서만이 아니라 정치적 문사(文士)로서 국가와 교회의 많은 분야에 진출하고 있었다.

현대에 들어서 수사학이라는 용어는 '우미(優美)하게 꾸며졌으나 내용은 비어있는 말들'을 의미하는 것으로 받아들여진다. 그러나 16세기에서 수사학은 다름 아닌 '커뮤니케이션의 학'으로서 단어가 어떤 의미를 나타내며, 사람들 사이에서 어떤 기능을 하는가를 탐구하는 학문이었다.128) 이 시대에 종교개혁자들이 받아들인 수사학은 기예보다 목적에 중점을 두어 정의할 때, "지식에 힘을 불어넣으며, 진리가 인간의 삶과 관련을 맺도록 하는 학(discipline)"이었다.129)

① 수사학과 철학의 접목

이 시대의 수사학은 주로 키케로의 전통을 따르는 것이었는데, 키케로는 수사학이 소피스트들에 의해 표현된 것보다 더 광범위한 학문이라는 것을 이해한 인물이었다. 그는 수사학에 대한 아리스토텔레스의 긍정적 평가에 동의하였으나, 아리스토텔레스가 수사학의 과제와 철학의 과제를 지나치게 분리한 것을 비판했다. 그는 수사학은 국가를 올바로 통치하는 데 필요한 인물을 훈련하며, 웅변가의 훈련에는 도덕성의 함양이 포함되어야 한다고 가르쳤다. 키케로는 항상 수사학과 철학을 접합시키려는 이상을 추구했다.130)

이 점에서 키케로는 소크라테스 이전에는 철학자로 불렸던 실무적 법률가를 칭송했다. 소크라테스의 추종자들은 법률가들과의 관계를 끊고, 그들을 철학이라는 통상적인 호칭과 분리했다. 그러나 과거의 스승들은 웅변(oratory, dicendi)과 철학(philosophy, intelligendi)이 놀라우리만큼 밀접한 관계를 갖도록 했었다. 웅변가들에게 철학자라는 호칭을 부여할 만하게 한 것은 그들의 실용 철학에서의 탁월함이었다.131) 실용 철학이란 철학자들이 학식은 갖고 있으나 정치적 사안과는 의도적으로 거리를 두며 보통 사람들과 의사소통하기를 거절하는 것을 반대하여 인생과 윤리에 관한 실제적 연구를 수행한 것을 가리킨다.

> 키케로는 아리스토텔레스가 수사학의 과제와 철학의 과제를 지나치게 분리한 것을 비판했다.

② 청중의 이해: 조절(accomocation)

일찍이 키케로는 제자들이 이 도구를 잘못 사용하지 않도록 다음의 내용을 확신시키고자 했다. 효과적인 언어 구사를 위하여 무엇보다 먼저, 그리고 가장 강조될 점은 문체와 수식어를 선택할 때 웅변가는 자기 청중의 필요, 기대, 성향 그리고 능력의 수준을 알고 있어야 한다는 점이다. 이 판단을 기초로 해서 웅변가는 그의 논증과 은유를 나름의 상황 속에 처해 있는 청중들에 맞도록 조절(accomodare)해야만 한다. 키케로의 설명에 따르면,

웅변가의 유려한 표현술은 항상 뛰어난 청중 이해의 인도를 받아야 한다. 동의를 얻어내기 원하는 사람은 누구나 상대가 좋아하는 것이 무엇인가를 고려하여 자기 자신을 그것에 맞추고(fingere, shape), 적응시킨다.132)

더욱이 무엇이 청중들의 동의를 얻을 것인가를 결정하기 위해서 웅변가는 다양한 환경 요소들, 예를 들면 연설의 시간과 장소, 정치적 이해관계와 청중의 배경들을 고려해야 한다. 이런 까닭에 키케로가 생각하는 이상적인 웅변가는 대중문화의 열렬한 연구자가 되어야 했다.

이렇게 가변적인 요인 외에도 키케로는 모든 청중이 공통으로 가진 성향이 있음을 주지시킨다. 예를 들면 청중은 두말할 나위 없이 논변의 적절성을 판단하기 위하여 자기의 이성을 사용할 것이지만, 웅변가의 수사학은 의지라는 기관의(이것은 감정에 의하여 움직이는 기관인데) 욕구를 채워주고 부추겨야 한다. 이성의 기능에 대해 키케로는 다음과 같은 주의를 주고 있다.

논변은 세심하고 논리적으로 구성되어야 하지만 웅변가는 대중 연설에서 만나는 대다수의 사람들은 철학자들이 갖는 세심한 변증적 성향을 갖고 있지 않다는 점을 기억하라. 오히려 대부분의 청중들은 일반적인 '대중적 지성'에 의

해 인도된다. 그래서 그들은 결과적으로 엄밀한 논증보다는 개연성에 의해 더 감명을 받는다.[133]

키케로는 여기서 근본적으로 자기중심적인 인간의 본성을 강조하면서 그의 생도들에게 청중의 더욱 이기적인 본능을 간과하지 말 것을 권고한다. 그러나 키케로의 수사학에서 조절(accomodare)의 개념은 웅변가들이 청중이 듣기 원하는 것을 말해야 한다는 뜻으로 해석되어서는 안 된다. 칼뱅과 키케로의 수사학적 사고의 동질성은 조절(accomodare)에 있으므로 이 점은 칼뱅이나 키케로의 수사학을 설명할 때 주지해야 할 점이다.

조절(accomodare)의 초점은 논지의 방향과 목적을 바꾸는 것이 아니라 오히려 그것을 청중들이 공감하고 수용하도록 만드는 증명과 비유의 방법이다. 키케로는 오히려 진정으로 탁월한 웅변은 청중들이 즐기지 않았을 견해에 동의하도록 설득하는 일에 성공할 때 가장 강력한 것이라고 믿었다. 그리고 누구든지 그러한 성취를 얻으려면 그 웅변가는 처음부터 그의 담론이 만족시키려는 목적과 목표를 확실히 해야 한다고 가르쳤다.

목적을 분명히 하기 위해서는 자기가 호소하려는 것이 무엇인지 알아야 한다. 만일 목적하는 바가 가르치려는 것이라면 교육적인 목적에 맞는 언어를 택하여야 한다. 만일 목적이 논쟁에서의 방어나, 또는 반대자의 공격에 대응하는 것이라면 법정적인(forensic) 수사학이 더 적절할 것이다. 마찬가지로 청중을 고양하려는 목적이라면 심정을 토로하는 연설체의 담화가 가장 효과적이라고 할 수 있다.

한 걸음 더 나아가 웅변가의 목적이 이상의 3가지를 다 포괄한다면 이 3가지를 확신 있는 방식으로 엮어내도록 주의를 기울여야 한다. 그러나 가장 중요한 것은 잘 적응시킨 웅변을 구성하는 과정에서 본래 의도한 목적을 놓치지 않는 것이다. 만약 목적을 상실한다면 웅변가는 아무리 청중의 환호를 받는다고 할지라도 자기의 과업에서 실패하는 것이다.

자기의 수사학적 목표를 확정하고 그것에 적절한 연설의 형태를 발견하기 위하여 웅변가에게 필요한 것은 더 높은 수준의 목적들에 대한 고려이다. 키케로에 따르면 모든 웅변가의 사색을 인도해야 할 중심적이고 포괄적인 목표는, 그것이 논쟁이건 교육이건 찬양이건, 폴리스에 봉사하는 것이다. 국가의 선을 증진하는 것은 청중들이 덕스러운 공동체를 세우는 데 기여할 행동을 추구하도록 설득할 때 이루어진다.

여기서 무엇이 국가의 선이고 덕스러운 행동인가를 결정하기 위하여 수사학자는 자신의 동료들 즉 철학자들에게 눈을 돌릴 것을 권고받는다. 그 사회의 철학자들의 시민적 임무는 국가를 건설하는 데 중심이 되는 진리들과 원리들을 명료하게 제시하는 것이다. 키케로는 자신이 개인적으로 수사학자로서 성장하는 과정에서 학문적인 철학자들의 통찰력이 결정적인 역할을 했다고 단언한다.

나는 고백한다. 내가 무슨 능력을 갖게 되었다면 웅변가로서 그것은 수사학자의 작업실에서 온 것이 아니라 아카데미의 넓은 마당에서 온 것이다.134)

그는 비슷한 고백을 여러 차례 하고 있다.

나는 연설의 훈련이 없이 웅변에서 영광스럽고 탁월한 성취를 얻은 사람이 없다고만 말하려 하지 않는다. 그러한 사람들 중 자기 영역의 모든 지식(sapientia)을 섭취하지 않은 사람은 없다.135)

키케로는 철학자들이 선을 증진하기 위한 지혜를 수사학자들에게 공급했다는 점을 칭송하지만, 곧바로 철학자들이 자신의 작업을 이해 가능하고 설득력 있는 언어로 제시하지 않기 때문에 국가를 위해 봉사하는 데 실패했다는 점을 덧붙인다. 키케로는 철학과 수사학의 상호의존적 관계를 다음과 같은 유명한 말로 요약한다.

　　나는 이성 그 자체에 의하여 이 견해를 최우선으로 주장하게 되었다. 그것은 표현술(eloquentia)을 갖지 못한 지혜(sapientia)는 국가의 선을 위하여 할 수 있는 일이 너무나 적은 반면, 일반적으로 지혜를 갖지 못한 표현술은 대단히 무익하며 결코 도움이 되지 못한다.136)

　　키케로의 이 말은 오직 철학자와 수사학자가 함께 일할 때만 웅변의 기예는 그것의 가장 고상한 목표, 즉 이상적인 시민의 함양을 달성할 수 있다는 것이다. 근세 초기 유럽의 수사학자들도 웅변이나 문필에서 담론을 우미하게 만드는 과정에서 그 목표를 상실하지 않는 것이 중요함을 인식하고 있었다. 그들은 키케로와 마찬가지로 웅변의 목표가 단지 대중의 환호를 받는 것이어서는 안 되며 선을 위해 봉사하는 것이어야 함에 동의하고 있었다.

　　그러나 그 '선'의 정의는 키케로와 시대와는 크게 달라졌다. 14, 15세기의 이탈리아 인문주의자들에게 선이란 키케로의 '국가의 선'이라는 개념을 '신의 거룩한 지혜에 대한 봉사와 복종'이라는 '기독교적 선 개념'과 합성한 것이었다.

　　페트라르카(Francesco Petrarca, 1304~1374))는 어거스틴을 연상케

하는 말로써 거룩한 지혜를 얻기 위한 웅변의 목적을 다음과 같이 묘사한다. "그러한 웅변은 듣는 자들로 하여금 자기 자신을 알고, 영혼을 하나님께로 되돌리고, 그리고 헛된 영광을 멸시하도록 설득해야 한다."137)

③ 수사학 전통과 스콜라주의

이 시대의 수사학 전통은 중세의 철학적 문화 즉 스콜라주의 전통과 대비해서 이해되어야 한다. 왜냐하면 르네상스 시대의 수사학은 그 기원은 고대에 두고 있으나 실제에서는 한계에 달한 중세 스콜라주의의 철학적 문화를 극복하기 위하여 일어난 운동이기 때문이다. 칼뱅 역시 자신이 속한 전통인 철학적 문화 속에서 해결하지 못한 문제들의 해법을 수사학 전통 속에서 찾고자 한 것으로 해석된다.138)

스콜라주의가 지배한 중세의 학문과 교육의 이념이 이성과 신앙의 조화였다면, 르네상스의 수사학 정신은 지혜와 수사 또는 설득술의 결합이었다. 수사학은 지식의 확실성을 확보하려는 인간의 능력을 회의하는 정신자세를 내포했고, 언어가 실재의 거울이 아니라 단순히 인간 상호 간의 의사소통을 위한 관습적 도구라는 관념을 갖고 있었다. 따라서 수사학적 정신은 "진리란 정식화(定式化)된 상태로 고정되어 존재하는 것이 아니라 언어를 매개로 한 사고작용을 통해 구성되는 것"이라는 관념을 함축하고 있었다.

칼뱅의 신학은 이 같은 르네상스 문화와의 상호작용 속에서 형성된 것이므로 그것의 수사학적 차원에 대한 조명은 칼뱅을 교의 신학의 확립자로만 이해하는 종래의 해석을 보완해 줄 것이다. 칼뱅의 신학 작업은 확정된 교리를 정립하는 것만이 아니라 당대의 시대정신과 대화하며 종교개혁의 교의를 호소력 있는 신학적 언어로 제시하려는 것이었다. 그것은 종교개혁이 성공하고 개혁자들이 살아남기 위해서 피할 수 없는 과제이기도 했다.

나) 수사학적 신학의 특징: 목적성과 상황성

1) 신학의 수사학적 목표: 설득(persuasio)

> 신학자의 과업이란 실천적인 것이다. 가장 주된 임무는 구원에 필요하고 그리스도인의 삶에 실제로 유용한 지식을 제공하는 것이다.

르네상스와 종교개혁 시대의 수사학은 종교사상과 관련해서 단순히 표현술의 기법을 제공하는 것만은 아니었다. 실천적 학예로서 수사학의 이념은 '설득(persuasio)'이라고 할 수 있는데, 칼뱅의 신학에는 이것이 기본적 지향으로 내장되어 있었다.139) 칼뱅은 신학자의 존재 이유 또는 본질적 기능은 영원한 진리 진술을 후대에 남기는 것이 아니라 당대의 사람들이 성경의 진리를 진정으로 이해하고 받아들이며 유효한 변화를 일으키게 하는 것이라고 믿었다. 이것은 곧 '설득(persuasio)'이라는 '수사학적 목표'라고 표현될 수 있다.

그는 《기독교 강요》에서 자신의 신학 작업의 성격을 다음과 같이 언급하고 있다.

신학자의 과업은 잡다한 이야기로 청중의 귀를 이끄는 것이 아니라 진실하고, 확실하며, 유익한 것을 가르침으로써 그들의 양심을 강화시키는 데 있다.140)

칼뱅이 생각하는 유익한 가르침이란 실제적인 경건의 내용이 담기지 않은 추상적이고 무용한 호기심의 사변(speculation)에 반대되는 것이었다. 그는 《강요》를 비롯한 모든 저술에서 거듭해서 당시의 스콜라 학자들의 사변신학의 폐단을 비판한다. 그 이유는 사변신학이 허약한 이성적 추론에만 의지할 뿐 성서를 비롯한 다른 신뢰할 만한 근거를 갖지 못하기 때문이기도 하지만, 무엇보다도 그것이 사람들의 신앙이나 덕성 면에서 어떠한 선한 효과도 일으키지 못하기 때문이다.

칼뱅에게는 신학자의 과업이란 실천적 또는 실존적인 것이다. 신학자의 가장 주된 임무는 구원에 필요하고 그리스도인의 삶에 실제로 유용한 지식을 제공하는 것인데, 그것은 사람들을 신앙으로 인도하며 경건의 성향(disposition)을 심어 줄 수 있는 지식을 말한다.141) 이것은 머리가 아니라 마음 (heart)에 뿌리박은 것이고, 일상의 삶의 활동 속에서 드러나는 것이다.

《기독교 강요》는 물론 거의 모든 설교와 신학 논문들에서는 칼뱅이 이같이 설득을 지향하는 수사학적 목적을 추구한 흔적 이 발견된다. 그 예를 들자면, 《기독교 강요》의 내용은 신학적 논리의 순서를 따라 배열되어 있지 않다. 이것은 일반적으로 사도신경의 순서를 따라 중복되는 일련의 주제들로 구성되어 있는데, 이러한 구성은 다양한 설득의 전략을 구사하기 위한 유연성을 가능케 한다.142)

초판의 프랑수아 1세(François I)를 향한 헌사는 처음부터 이 책의 수사학적인 성격을 확증해 주고 있다. 이 책은 시종일관 예증과 변론이 복합되어 있다. 퀴리누스 브린(Quirinus Breen, 1896~1975)의 지적처럼 《기독교 강요》는 가르치고, 감동시키고, 즐거움을 주기 위해 많은 수사학적 도구들을 의도적으로 채용 하고 있다.143)

그의 성서 주석 원칙의 하나이며, 《강요》에서도 종종 언급 되는 간결성(brevitas)에 대한 주장은 그것 자체가 관습적인 수사 학의 기법으로서 자신의 서술이 스콜라 학자들의 장광설과 대조된다는 것을 보여줌으로써 독자들의 주의를 끌고자 하는 것이었다.

누군가 어떤 한 가지 덕에 관하여 권면하고자 할 때, 자료가 풍부할 경우 그것은 그로 하여금 그 문제를 길게 말하지 않으면 제대로 다루기 어려운 문체와 형식으로 몰고 갈 것이다. 그러나 나는 여기서 그것을 그렇게 발전시키고자 하지 않는다…… 그러한 것은 다른 사람들의 저작에서 찾을 수 있을 것이다…… 나는 본성상 간결함을 좋아하므로, 만일 내가 더 충분히 길게 말하고 싶다 할지라도 그것은 성공적이지 않을 것이다.144)

그는 성령의 사역도 설득의 개념으로 이해한다. 신지식론 중 성령의 조명 교리에서 다루어진 바와 같이, 그의 고백적인 신학에서 가장 결정적인 역할을 하는 성령의 작용은 궁극적으로는 설득이라는 개념으로 이해되고 있다.145)

성령의 증거는 모든 이성보다 훨씬 탁월한 것이다…… 말씀은 성령의 내적 증거에 의하여 인침을 받기 전에는 사람들의 마음에 받아들여지지 않는다. 선지자의 입을 통해 말씀했던 그 동일한 성령이 우리의 마음에 침투하고 설득해

야만 한다.146)

칼뱅은 당시의 스콜라주의 신학자들이 신적인 지혜를 논리적으로 일관성 있는 명제로 묶을 줄은 알지만, 마음을 움직이거나 영혼을 함양시키지는 못한다고 생각했다. 그는 "일반적으로 진술된 교리는 우리를 감동시키지 않는다"라고 지적하기도 했는데,147) 그가 생각한 좋은 신학이란 실제로 유용한 신학이어야 하며, 그러기 위해서 사람을 감동시키는 유려함을 갖춘 것이어야 했다.

2) 상황에 대한 민감성과 책임성

> 《강요》가 집필되고 제네바 개혁이 진행되고 있을 때 유럽은 '수사학적 전투'의 상황이었다.

수사학적 신학의 두 번째 특징은 상황성이다. 이것은 역사성이라 말할 수도 있는 것으로서 청중의 내적 상황에 대한 민감한 이해의 태도에서 말미암는다. 수사학이 신학에 결부되어야 할 이유는 신학 자체가 무시간적인 진리 진술이 아니라 그 시대의 필요와 과제에 응답하는 역사성을 가져야 하기 때문이다.148)

이는 본질적으로 복음은 세상을 위한 것이며, 동시에 신학자들의 신학 작업(doing theology)에는 교회에 봉사해야 한다는 책임과 사명이 부과되기 때문이다. 칼뱅은 자신의 신학이 모든 시대를 위한 진리를 서술하기 위한 것이 아니라 당대의 의문과 논쟁에 대한 답변이되기를 원했다.149)

이 점에 관하여 우리가 상기할 사실은, 《강요》가 집필되고 제네바의 개혁이 진행되고 있을 때의 유럽의 상황은 명실상부한 '수사학적 전투'의 상황이었다는 점이다. 그의 글은 개신교 종교개혁에 적대적인 공격에 대한 응답이었고, 회중들의 공감과 지지, 원근의 다양한 세력들의 협조를 얻어내야만 하는 긴박한 과제들 속에서 쓴 글이었다. 끊임없이 개혁신앙의 적들로부터 공격이 가해지고 있었고 신학적 정당성을 논쟁하고 있었다. 따라서 신학적인 신념과 판단력이 부족한 회중들의 유동적인 마음과 성향을 인도하지 못할 때 개혁교회는 존속 자체가 위협받을 수밖에 없는 상황이었다.150)

문사(文士)로서의 그의 자세와 방법은 그러한 요소들을 사려 깊게 고려하면서 채택한 것들이다. 이러한 신학적 특징을 구체적으로 보여주는 것은 예정에 대한 칼뱅의 인식이다.151) 그는 이성적인 이해를 넘는 예정 교리를 다룰 때, 이 교리가 신자의 내면에서 어떻게 작용하는가를 핵심 의미로 삼는다.

이것은 실제로 자신의 구원에 대한 불안에 사로잡히고 두려움으로 거반 죽을 정도로 의식이 마비된 사람들에게 하

나님의 절대적인 권능이 자신들의 구원을 보증한다는 것을 알게 함으로 크나큰 안도를 준다.[152]

일반적으로 칼뱅은 설교에서 진리를 추상적이고 객관적으로 진술하는 것보다 설교가 청중에게 미치는 효과, 즉 신자들의 행위 면에서 변화를 유발하는 것에 더욱 관심이 많았다. 이것은 수사학자의 태도였다. 죄의 문제를 다룰 때 일차적인 목적은 죄인들을 회개시키는 것이었다. 이러한 경우에 신학 이론상의 절대적 균형만을 추구하는 것보다 더 균형감각을 잃어버린 것은 없다고 해야 할 것이다.[153]

그는 인간의 악함에 대한 책망에서 종종 균형을 잃기까지 했는데, 그 현저한 예가 인간의 '전적 타락(total depravity) 교리'에 관한 것이다. 칼뱅은 다음과 같이 서술하고 있다.

다음을 우리는 어떤 힘에 의해서도 흔들릴 수 없고 의심할 수 없는 진리로 여기도록 합시다.: 인간의 정신은 하나님의 의로움으로부터 완전히 이탈되어서 오직 불경하고 도착되고 더럽고 불결하며 악한 것만을 생각하고 욕구하고 행한다는 것과, 인간의 마음은 죄 속에 깊숙이 젖어 있어서 오직 더러운 악취만을 내뿜을 따름이며, 어떤 사람들이 가끔 선의 겉모습을 보여주지만, 그럼에도 불구하고 그들의 정신은

위선과 교활한 속임수로 싸여 있으며 그들의 마음은 내적인 도착성에 속박되어 있다는 것입니다.154)

하나님 형상의 흔적이 어느 정도 아담 안에 남아 있다는 것을 인정한다고 하더라도, 그것은 너무나 부패하였으므로 남아 있는 모든 것은 무시무시한 기형일 뿐이며, 우리 내부에서 구별해 낼 수 있는 모든 것들은 너무나 깨뜨려지고 불완전하게 되어서 진정으로 파괴되어 버렸다고 말할 수 있는 것이다.155)

그러나 다른 구절에서 칼뱅은 대단히 다르게 자신의 생각을 표현하고 있다. 그는 "하나님의 형상의 잔재가 아직도 인간 안에 남아 이 빛을 발하고 있다"라고 선포하고 있으며,156) 살인을 막기 위하여 "우리가 모두 하나님의 형상대로 창조된 동일한 인간이라는 사실을 잊지 말아야 한다"라고 말하고 있다. "모든 인간은 죄인이지만 우리는 항상 그들 안에서 우리가 사랑하고 존중해야 할 하나님의 형상을 보아야만 한다"라고 했다.157) 그는 하나님의 형상이 인간 안에 지속적으로 남아 있다는 것을 의심한 것이 아니라, 이것을 주장했을 때 초래되는 가능한 결과들에 대하여 의심스러워했다.

칼뱅의 후예들은 칼뱅의 담론이 갖는 이러한 수사학적 요소들을 인식하지 못했기 때문에, 칼뱅이 인간은 타락으로 인해 하나님의 형상을 완전히 제거당해 버린 것처럼 생각했다고 잘 못 이해하여 사람들을 오도하곤 했다. 그러나 전적 타락과 죄 문제에 대한 칼뱅의 이중적 태도는 청중의 반응에 대한 그의 민감성에서 말미암은 것이다.158)

3) 수사학 수용의 근거: 성서의 수사학적 속성 - 적응성과 웅변성

일반적으로 종교적 담론에서 수사학의 활용을 시인하는 것은 쉽지 않은 일이다.159) 칼뱅은 인문주의의 고등교육을 받은 사람으로서 고전 주석가, 법률가, 설교자 등 여러 가지 특질을 갖고 있지만, 그의 가장 본질적인 정체성은 멜란히톤이 즐겨 불렀던 '그 신학자(the theologian)'라는 호칭이 잘 보여준다.

그 이유는 칼뱅이 사도 바울의 다메섹 체험과 같이 자신의 신앙 노정의 시종을 지배하는 체험적인 신 인식을 갖고 있었으며,160) 현실의 영적인 상황을 동시대의 문화 엘리트의 안목으로 통찰하되, 자신의 신학적 사고의 원천과 준거를 시대사조나 그 밖의 철학 전통에 의지하지 않고 철두철미하게 성경에 기초하는 자세를 보여주기 때문이다.

그러나 칼뱅에게는 수사학을 자신의 신학의 구성요소의 하나로 받아들이는 것을 꺼리지 않는 자유함이 있었다. 거기에는 다음과 같은 나름의 근거가 있었기 때문이다.161)

① 성서의 적응성

복음서들 사이의 차이점들은 복음서 기자들 사이에 아무런 공모가 없었다는 것을 입증해 준다.

그것은 첫째로, 성서 또는 하나님의 계시 자체가 수사학 정신과 상통하는 속성을 갖는다는 확신이었다. 그는 성서가 본질적으로 인간을 구원하고 변화시키려는 목적에서 인간의 언어와 인간이 이해할 수 있는 문학적 양식으로 주어졌다는 점에서 철저히 수사학적 문헌이며 해석된 작품이라는 인식을 갖고 있었다.

칼뱅은 그러한 관점에서 복음서 기자들에 대해서도 연대기 편자가 아니라 작가들이라고 이해했다. 그에 따르면 복음서는 "단순한 역사로서는 충분치 않다. 그런 것은 우리의 구원을 위해서 아무런 가치도 갖고 있지 못하기 때문에, 복음서 기자들은 그리스도께서 태어나시고 돌아가시고 죽음을 정복하셨다는 것을 보고할 뿐만 아니라 어떤 목적으로 그가 태어나셨고 죽으시고 부활하셨는지, 그리고 이러한 것들로부터 우리에게 어떠한 유익이 오는가 하는 것을 동시에 설명해 주고 있다."162)

그는 "복음서 기자들은 사건들의 정밀한 순서를 보존하기 위해서라기보다는 그리스도의 가장 유익한 사역들이 알려질 수 있는 일종의 거울이나 화면을 우리 앞에 제시하기 위하여 모든 사건을 함께 다루는 이러한 방식으로 복음서를 기록한 것이다"라고 말한다.163) 또한 그는 복음서들 사이에 일반적인 일치가 존재하기 때문에 복음서들 사이의 차이라고 하는 것들은 사실은 복음서들의 신뢰성을 증대시킨다고 논파한다. 즉 이러한 차이점들은 복음서 기자들 사이에 아무런 공모가 없었다는 것을 입증해 준다는 것이다.164)

성서의 수사학적 속성을 주장하는 칼뱅의 가장 대표적인 견해는 '조절' 또는 '적응', '동화' 등으로 번역될 수 있는 'accomodare(accomodation)'의 개념이다.165) 이것은 하나님의 계시가 인간의 '이해 수준에 맞추어' 제시되었다는 견해이다. 성서에는 인간의 이해력에 자신을 맞추시는 하나님의 어법이 도처에 드러나고 있음을 그는 강조한다.

하나님은 사물들에 관해 우리에게 "실제로 이 사물들이 어떠한가에 따라서가 아니라 그것들을 이해하는 우리들의 능력에 따라 말씀하신다." 또한 "각 시대의 차이와 가르치는 다양한 방법을 고려하시고 성령께서는 항상 우리들의 연약함에 자신을 맞추신다."166) 그 이유는 하나님이 인간을 다루시면서 추구하는 목적은 인간을 하나님이 원하시는 성숙으로 인도하는 것이기 때문이다. 그래서 칼뱅은 "하나님이 인간들을 가르치고 '설득'하신다"라고 표현한다.167)

여기에는 강한 평등주의적인 함축도 수반되어 있다. 하나님은 유식한 성직자들과 지적으로 예민한 자들, 그리고 학교에서 교육받은 자들을 가르치기 원하실 뿐 아니라 가장 투박하고 무식한 일반 백성들에게조차 자신을 맞추시기를 원하신다는 것을 의미한다.168)

이러한 칼뱅의 관점이 시사하는 하나님은 인간의 연약함 때문에 도달할 수 없는 높이에 계신 것만이 아니다. 그분은 자기 백성을 다룸에 있어서 전략적으로 그들에 맞추어 주는 자애로운 아버지로서, 자기의 영광과 지고한 선이 담긴 뜻을 백성들에게 '알려 주고', '기쁘게 하고', '감동시킴'(고전 수사학의 3가지 목표)으로써 행하게 하는 하나님이다.169)

② 성서의 웅변성과 문학성

둘째로, 칼뱅은 성서의 웅변성과 문학성을 파악했다. 그는 성서의 웅변성을 부정하는 전통적 견해는 무지한 것이라고 주장했다. 그는 모세와 여러 예언자는 히브리어의 사용에 있어서 그리스나 라틴의 웅변가들이나 철학자들이 그랬던 것 못지않게 웅변적이고 세련되어 있음을 지적한다.170)

한편, 그는 예언서들이나 시가서들을 매우 흠모했다 심지어 성서에서 유머를 찾아내기까지 했다. 그는 성령이 "저속한 언어들을 항상 회피하신다"라는 말을 서둘러 부가하기는 했지만, 성령이 "항상 익살과 농담을 회피하시는 것만은 아니라"

고 했다.[171)]

그는 마치 인문주의자들이 세속적인 고전 작품들을 분석하듯 성서의 수사학적 표현들을 분석하며, "히브리 작가들은 어떤 것을 강력하게 부정하고자 할 때 관습적으로 의문의 형식을 취한다. 비록 이것이 그리스인들이나 라틴인들에게는 무미건조한 것이지만, 이들 사이에서는 이러한 형식이 매우 우미한 표현이다"라고 평가했다.[172)]

그는 성서를 웅변적으로 만든 것은 무엇보다 비유들이라는 점을 주목한다. 예를 들어, 씨 뿌리는 비유를 통해 그리스도께서는 단순한 표현보다 더 박력 있고 효과적으로, 그리고 더 선명하게 가르치셨다는 것이다.[173)] 성서의 비유적 언어들은 스콜라 신학자들에게 대항하여 종교적 담론에서 비유의 일반적 적합성을 결정적으로 입증해 주고 있다.

그는 수사학의 지식으로써 성서의 언어가 가진 힘을 설명해 주는데, "만일 예언자들이 그들이 관심을 가진 것들을 비유를 사용하지 않고 단순히 진술했다면 이들의 말은 냉담했을 것이고, 영혼 속으로 침투하지 못했을 것"이라고 했다.[174)]

아우구스티누스(Aurelius Augustinus, 354~430)의 《기독교 교리》(De doctrina christina)의 전통에 선 주석가들과 마찬가지로 칼뱅은 규칙적으로 은유, 우의, 의인화, 환유법, 제유법등의 비유법들을 확인한다. 그는 빛이란 '완전한 행복과 관련된 것'을, 어두움이란 '죽음과 모든 종류의 비참'을 나타내는 일반적인 성서적 은유라는 것을 알았다.175) 헤롯의 영아살해 후에 언급된 바 있는 라헬의 슬픔에 대한 예레미야의 비유는 칼뱅에게는 이스라엘 땅이 황무하게 되리라는 것을 특별히 생생하게 말하는 방식으로 보였다.

이와 관련하여 칼뱅은 이렇게 말했다. "수사학자들은 의인법을 대단히 높이 평가한다. 웅변의 위대한 장엄을 가르치고자 할 때, 키케로는 '죽은 것들을 살려 땅으로 일으켜 세우는 것보다 더 청중을 사로잡는 것은 없다'라고 말했다." 그는 예레미야와 같은 선지자들이 비록 수사학자들의 학교에서 배운 것은 아니지만 성령에 의해 이러한 수사학적 표현을 배워서 더 효과적으로 사람들의 마음속에 침투할 수 있었다고 했다.176)

칼뱅이 수사학에서 얻은 통찰은 그의 신학 저술 전체를 관통하며 작용하고 있다. 그럼에도 그의 문장이 수사학적인 기교를 강하게 드러내고 있는 것은 아니다. 오히려 전혀 눈에 띄지 않고 지나치게 되기도 한다. 이것은 그가 지나친 수사학의 기법을 사용하는 것을 절제했기 때문이다.177) 그 이유는 칼뱅이 자신의 신학에서 수사학적 이념과 기법을 수용하되, 양자의 관계는 당연히 신학적 규범이 수사학을 통제하는 것이 되도록 했기 때문이다.178)

칼뱅은 그리스 고전의 독서를 권고한 바 있는데, 여기서 그는 철학자보다 웅변가와 시인들을 우선적으로 언급한 후, 성서의 비할 수 없는 우위를 논하며 성서에 눈을 돌릴 것을 권하는데, 이것이 그의 수사학과 신학의 태도를 실제적으로 보여주는 것이다.

다) 언어와 문체

1) 신학적 개념과 언어적 표현

칼뱅이 널리 알려진 대중 연사였고, 여러 나라에 넓은 독자층을 가진 저술가였다는 것은 주지의 사실이다. 그는 자기를 따르는 많은 사람을 설득하고 그들로부터 충성된 헌신을 얻을 수 있었다. 그는 목회자로서, 설교자로서, 정치 지도자로서, 그리고 신학자로서 성공적인 역할을 수행했다.

이에 관하여 파리의 베니스 대사는 1561년 본국에 보낸 서신에서 다음과 같은 보고를 남기고 있다.

폐하께서는 제네바의 수석 목회자가 이 왕국에서 가진 영향력과 큰 힘에 대해서 믿기 어려우실 것입니다. 그는 칼뱅이라는 이름을 가졌으며 프랑스인으로서 피카르디 출신입니다. 그는 특별한 권위가 있는 사람으로서 그의 생활 태

도나 이론에 있어서 다른 어느 누구도 따를 수 없을 만큼 우뚝 서 있습니다.179)

그의 《기독교 강요》는 중세적인 로마교회를 떠나서 하나님과의 바른 교제의 신앙을 필요로 하는 사람들, 도덕적인 생활에서의 견고한 강직함과 동시에 이성적인 기능을 만족시켜 줄 만한 그리스도 신앙을 소망하는 사람들에게 가장 분명한 선언서로 환영받았다. 그들은 이 책의 젊은 저자를 자신들의 정신적 지도자로 삼고 있었다.180)

이 시기부터 신비주의는 성경에 관한 세심한 연구로 대치되었으며, 개혁운동가들은 루터나 쯔빙글리를 개인적으로 추종하던 단계를 넘어서서 사상에 근거한 굳은 조직력을 갖게 되었다. 이들이 펴낸 각종 성명서는 곧바로 완성된 교리서, 예배 양식, 그리고 도덕법전이 되었다. 이것들은 《기독교 강요》의 출판이 초래한 효과였다.

진지한 신학적 저술이 그처럼 광범위한 호소력과 설득력을 가질 수 있었던 요인은 무엇일까? 칼뱅이 자신의 신학적 목적을 성취하기 위하여 취한 실제적 행위(actual practice)는 어떤 것이었는가? 이 물음에 대한 답변은 신학적 개념 자체만이 아니라 그것의 수사학적 실천, 즉 신학 언어의 특성에서 찾아보아야 한다.

종교적 문헌의 감화력은 근본적으로는 저자의 영성과 인격적 개성에 달린 것이지만, 그것을 표현한 도구 또는 매개체로서 언어의 역할을 간과할 수 없다. 사고가 표현되기 위하여 문체(文体)와 문채(文彩)는 없어도 되는 것이 아니라 필수적인 구성요소이기 때문이다. 그의 사상에 대한 해설을 위해서는, 먼저 사상을 발전시키고 제시하기 위해 사용한 매체에 대한 논의가 이루어져야 한다. 이것은 칼뱅 신학에서 그다지 많이 조명되지 않은 주제이지만, 우리의 관심을 끄는 문제가 아닐 수 없다.

교의적 개념을 미학과 사회적 실천으로

경건을 논할 때 칼뱅의 언어는 감성적이고 경험적이어서 교리와 경험을 분리하지 않는다.

칼뱅이 '설득'이라는 신학적 목적을 수행할 수 있었던 것은 그가 가진 경건의 개념이 아니라 언어 행위에 의한 것이었다. 이를테면 제네바의 시민들이 병원과 학교를 세우도록 한 것은 그의 경건의 개념에 대한 정의가 이론적으로 엄정하였기 때문이 아니라, 경건의 성향을 촉발하는 그의 설교가 사람들을 그러한 기독교적 사회행동으로 이끌고 간 것이었다.

16세기 제네바의 시민들은 칼뱅이 경건을 논할 때, 단순히 성서의 진리라 여기고 있는 것을 명제적인 의미로 설명했다고 해서 회심하거나 깊이 감동하지는 않았을 것이다. 그들은 경건에 대한 칼뱅의 논의가 자신들의 삶의 복잡한 현실에 무엇인가를 의미해 주는 언어와 이미지 또는 비유로써 던져졌기 때문에 마음을 움직이게 되었다.

　　그의 말은 자신들이 일상의 과업을 수행하며 살아가는 삶의 조건에 의미를 줄 수 있었다.181) 그러므로 칼뱅의 저술, 특히 《기독교 강요》를 읽을 때, 그것의 교리적 내용만을 파악하며 읽는 것은 교리와 동등하게 중요한 목양적 차원의 의미를 놓치는 결과가 된다. 그의 교리가 가지는 의미를 온전히 포착한다는 것은 그것의 실천적인 차원까지 통찰하는 것이다. 예를 들어, 기독교의 경건을 논할 때 그의 언어는 감성적이고 경험적인 성질을 특히 두드러지게 나타낸다. 그는 통상적인 지성주의자와 달리 교리와 경험을 분리하지 않으려 한다.

　　가장 좋은 수련은 사실상 일상적인 우리의 경험입니다. 신앙은 이중의 지식을 가지고 있습니다. 하나는 성경에서 오는 지식이고, 또 하나는 사건들의 경험으로부터 옵니다. 하나님이 우리 아버지라는 사실을 성경을 통해서만 아는 것으로는 충분하지 않습니다. 그가 우리의 아버지라는 것을 효과적으로 '느껴야' 합니다. 우리는 경험으로써 갖는 지식에 도달해야 합니다. 하나님께서 자기 말씀의 진리를 우리에게 느끼게 해 달라고 기도합시다. 그것은 곧 꺾일 수 없는 강건함입니다. 그분이 우리를 붙드신다는 사실을 우리가 경험으로, 그리고 사실로서 알기를 원합니다.182)

그리고 경건에 대한 설명을 수사학적 관점에서 보면, 그의 관심은 하나님에 관한 진리를 가르치는 것을 넘어 그의 방대한 독자와 청중들의 영적인 삶을 지탱하고 심화시키는 데 있었다는 것을 알 수 있다. 이 같은 칼뱅 신학의 설득적 차원에 대한 탐구는 어느 시대에나 신앙 사역에 항상 요구되는 실제적이고 중요한 담론의 난제들에 대한 통찰을 얻게 한다.

가령 하나님의 섭리와 세상의 악의 존재에 대하여 심히 번민하고 있는 사람에게 어떤 방식으로 이야기를 풀어나갈 것인가? 교회에서 회중들이 개인적인 어려움으로 인하여 공적인 관심을 기울이지 못하고 있을 때, 공로 없는 구원의 은총에 대하여 어떻게 말할 것인가? 폭력과 좌절이 일상적으로 지배하는 도시에서 희망에 대해서는 어떻게 말할 수 있을 것인가? 칼뱅 신학에서 수사학적 언어의 연구는 명제적인 진리 진술이 미학과 사회적 실천 등과 결합하는 방식을 통찰하는 시각을 얻는 데 도움이 될 수 있을 것이다.

2) 칼뱅의 언어관

칼뱅을 한 사람의 인문주의 수사학자로 이해하면서 접근하고자 할 때 먼저 관심 가져야 할 것은 그의 언어에 대한 인식과 감각이다. 칼뱅의 기독교 신앙 이해의 근본적 바탕이 되는 것은 하나님이 인간의 언어로 인간과 커뮤니케이션할 수 있다는 신념이다. 인간의 언어는 불완전하고 파편화되어 있지만, 그럼에도 불구하고 하나님이 자신을 드러내시고 부활한 그리스도와 신자 사이의 만남과 변혁을 일으킬 수 있는 매개체로 기능할 수 있다고 그는 확신했다. 인간의 언어가 하나님의 실재를 전달할 수 있다는 칼뱅의 이러한 주장의 이면에는 인간 언어의 본질과 기능에 대한 르네상스 인문주의의 이론이 자리 잡고 있다.

① 언어는 사회적 삶의 본질

인문주의 운동은 말과 텍스트로 표현되는 언어가 인간의 경험과 기대를 전달하고 변혁시킬 수 있는 방식에 대한 새로운 관심을 일으켰다. 16세기의 수사학은 인간의 의사소통에 관한 학문이며, 말이 무엇을 나타내며, 어떻게 그러한 기능을 하는가를 탐구하는 학문이었다.

인간 존재를 지적 존재라기보다는 정념적이고 행동적이며 사회적 존재로 보려고 한 인문주의자들은, 언어를 세계에 관한 진리를 전달하는 매개체로서보다는, 감정들을 움직이고 행위를 자극하는 능력 때문에 사회적 삶의 본질적 요소로 보았다.183)

살루타티(Coluccio Salutati)에 의하면 수사학은 '영혼을 고무하고 마음에 불을 지를 수 있는 것'이었다.184) 단적으로 인문주의자들에게 언어는 힘이었다. 이처럼 설득적 언어의 힘으로 세상을 개혁하려는 인문주의자들의 의도가 종교적 영역에 적용되었을 때, 수사학적 정신이 성서 연구와 신학적 담론에 적용되는 것은 지극히 자연스러운 일이었다. 인문주의는 성서로 돌아감으로써 기독교에 새로운 생명력을 불어넣으려는 운동들과 밀접하게 얽혀 있었고, 이것이 프랑스에서도 에라스뮈스와 르페브르에 의한 복음주의적 카톨리시즘을 고무시켰던 것은 주지의 사실이다.

② 의미는 용례에서

칼뱅의 언어에 대한 견해는《세네카 주석》에서부터 나타나고 있다. 여기서 칼뱅은 통상적인 인문주의자들과 동일하게 언어를 관습적인 것으로 이해했다. 그는 기록하기를, "한 단어를 다른 단어로부터 구별해주는 것은 어원이나 본질적 의미라기보다는 그것의 용법이다"라고 했으며,185) 그는 이따금 "언어는 인간 사회를 묶어준 접착제"라는 인문주의자들의 상투

어를 반복하곤 했다.186)

하나님께서는 우리를 세상에 두시고 "상호 간에 의사를 소통할 수 있게 하려고 언어를 주셨다"라고 칼뱅은 말한다.187) 인간은 "사물은 물론 이름을 다스리는 힘을 가지고 있으며, 자기들이 기뻐하는 대로 사물에 단어들을 적용할 수 있다"는 것을 인정했다.188) 이것은 칼뱅이 언어가 인간에게 적절히 효과적으로 사용하도록 주어진 선물이며, 문화적 소산의 하나로 인식하였음을 의미한다.

③ 로고스(logos)의 번역어 선택

> 철학적 전통이 로고스를 '이성(ratio)'과 '진리'의 개념으로 이해했다면, 수사학 전통에서는 '언어'와 '웅변(oratio)'의 개념으로 받아들인다.

이러한 칼뱅의 언어관이 성서 해석에 나타난 현저한 예는 로고스(logos)에 대한 해석이다. 칼뱅은 요한복음 서두의 "태초에 말씀이 계시니라"에서 말씀인 'logos'를 불가타(Vulgate) 역본이 'verbum'으로 번역한 것과 달리, 로렌초 발라(Lorenzo Valla, 1407~1457)나 에라스뮈스(Desiderius Erasmus)와 견해를 같이하여 'sermo(speech)'로 번역했다.

이것은 철학적 전통이 로고스를 '이성(ratio)'과 '진리'의 개념으로 이해했다면, 수사학 전통은 '언어'와 '웅변(oratio)'의 개념으로 받아들임을 의미한다. 그는 말이란 사람들 사이에서 정신의 심상(image)으로 발설되는 것인데, 이것을 하나님께 적용하여 하나님께서 그 말씀을 통하여 자신을 우리에게 표현하신다고 하는 것은 부적합한 일은 아니다"189)라고 했다.

수사학적 의사소통은 하나님께서 자신을 인간들에게 계시하시는 유일한 방식이라고 칼뱅은 반복하여 주장했다. 인간은 하나님께서 그리스도 안에서 자신을 계시하신 것을 통하지 않고는 하나님에 대하여 아무것도 알지 못한다고 했다. 그리스도는 성부에 대하여 알려져야 하는 유용한 것들을 우리에게 나타내고 보여주신다. 이것이 그리스도께서 현존해 계시는 성찬이 갖는 중요한 의미라는 것이다.

④ 언어는 감성의 전달 매체

칼뱅이 언어의 능력에 대하여 깊은 관심을 갖게 된 것은 특별히 감정을 전달하는 면에서였다. 그는 이렇게 말한다. "만일 언어가 없다면 우리는 이러한 감정들을 보이지 않는 마음속 깊숙한 곳에 감춘 채 서로에게 드러낼 수가 없을 것이다. 혀는 마음의 심부름꾼으로서 마음속 깊숙한 곳에 쌓여 있는 것을 전달해 준다. 언어로부터 친교가 생기고 자비 안에서 상호도움과 부드러운 사랑과 형제애가 오는 것이다. 그 증거로 언어는 고독과 싸운다."190)

아마도 스트라스부르에서의 망명 생활을 기억하면서 그는 "사회를 결합시켜 주는 접착제인 언어에 의하여 의사소통을 할 수 없는 낯선 민족 사이에서 방황하는 것보다 더 싫은 일은 없다. 언어란 정신의 심상이요 거울이기 때문에 언어를 사용할 수 없는 사람들은 숲속의 짐승들처럼 서로에게 낯설다"191)라고 술회했다.

이 같은 감성적 언어에 대한 경험과 인식이 칼뱅의 지성주의를 경직된 이성주의와 교조주의에 빠지지 않게 하는 힘이 되었다는 것은 대단히 중요한 사실이다. 그의 지성주의는 감정과 경험을 배제하지 않는 역동성을 갖게 되며, 이것이 칼뱅의 문체상의 중요한 특징의 하나가 된다.

3) 칼뱅의 문체
① 당대의 수사학의 성격과 칼뱅의 문체

칼뱅의 신학 저술은 대중적인 문체에 익숙한 현대의 독자들에게는 그다지 쉬운 글이라고 할 수 없지만, 16세기 작가들의 글 중 가장 읽기 쉬운 글이라고 평가되기도 하며,192) 실제로 당대의 인문주의적 성향의 교양 계급에게는 대단한 호소력을 발휘한 것이 사실이다. 칼뱅의 저술은 초기부터 언어 구사의 탁월함으로 인하여 칭송을 받았다. 그에게 우호적인 사람들로부터만 아니라 적들로부터도 그러했다. 그의 적대자들은 그의

저술이 유혹적인 독소를 갖고 있다고 말하기도 했다.[193]

《기독교 강요》는 하나님과 인간에 대한 의무를 포함한 신앙적 삶의 이상을 보여주었고, 로마교회의 폐습들과 병폐들에 대하여 당시까지 시도된 어떤 항거보다도 더 강력하게 호소했다. 이 책은 "논리적인 증명과 더불어 열정을 갈구하는 영혼을 동시적으로 만족시켰다"라는 평을 들었다.[194]

② 칼뱅에 의한 근대 프랑스어의 발달

또한 근대 프랑스어 산문의 창시자로 인정되기도 하는 칼뱅은 자신의 중요한 저서들을 학식 있는 독자 세계를 위해서는 라틴어로, 동포들을 위하여는 프랑스어로 저술했다. 그의 문장이 근대 프랑스어의 발달에 기여한 바는 몽테뉴를 능가하는 것으로 평가되기도 한다.[195] 그는 스스로 문체와 언어에 매우 예민하고 세심한 배려를 하는 저술가였다. 그가 어휘를 선택하기 위하여 기울인 노력은 그 시대의 엄밀성의 기준을 한 차원 높인 것이었다.[196]

③ 지성주의의 논리와 감성적 열정

전반적으로 그의 신학 언어가 갖는 호소력의 원천은 확신 있는 열정으로 충일한 논리였다. 이것은 칼뱅 신학이 주조인 지성주의가 감정과 경험의 차원을 수반하고 있음을 나타내는 문체상의 특징이다. 칼뱅의 교리는 일반적인 지성주의의 건조하고 차갑고 추상적인 언어와 문체로 표현되고 있지 않다.

칼뱅은 그러한 교리적 진술들은 실제적인 경건의 삶과 관계없는 사변의 산물로 간주하고 강하게 거부했다. 그는 말하기를, "교리가 차가워서는 안 된다. 또 뜨거워서도 안 된다"라고 하였으며, "사람들이 (삶과 관계없을 만큼) 너무나 '고상하고 심오하다'고 평가하는 교리가 있다면 그것은 '광증(folie)'일 뿐이다"라고 했다.

주장이 있을 뿐 열매라는 것은 조금도 없거나, 구원에는 전혀 소용이 되지 않는 모든 교리는 너절한 메뉴이다. 그것은 무익한 사변이다. 하나님은 그런 식으로 우리와 놀고 있는 어릿광대가 아니다. 그분은 우리에게 실제적인 교리를 알려 주신다. 실제적인 교리, 즉 '한담하기'를 배우는 것이 아니요 '살기'를 배우는 교리들 외에 진정한 교리는 없다. 다른 모든 것은 우리를 결국 우롱하게 될 것이다.197)

④ 교리와 경험적 지식

칼뱅은 신앙을 단순한 의견이나 그에 대한 추종이 아니라 하나의 인식(connaissance)이나 지식(science)으로 간주하고자 한다. 신앙을 오류로부터 구별해 내기 위해서는 반드시 지식이 신앙에 결합되어야 한다고 믿는다. 지성주의가 일반적으로 경험을 고려하지 않는 경향이 있으나, 칼뱅의 지성주의는 교리와 경험을 분리하지 않는다.

그는 신앙은 2중의 지식을 갖고 있다고 말한다. 하나는 성경으로부터 오는 지식이고 또 하나는 '사건들의 경험'으로부터 온다. 하나님이 우리의 아버지라는 사실을 성경을 통해서만 아는 것으로는 충분치 않다. 그가 우리의 아버지라는 것을 효과적으로 '느껴야' 한다. 우리가 '경험'으로 가지는 지식에 도달해야 한다. 가장 좋은 수련은 사실상 우리의 일상적인 경험이다.

그분이 당신 말씀의 진리를 우리에게 느끼게 해달라고 하나님께 기도하자. 그것은 곧 꺾일 수 없는 강건함이다. 그분이 우리를 붙드신다는 사실을 우리가 경험으로, 그리고 사실로써 알기를 원한다.198)

하나님의 능력에 대한 느낌이 우리에게 경건을 가르쳐 주는 유일하고 적절한 교사이며, 거기로부터 종교가 생겨난다. 실천과 경험 속에서 얻어지는 그런 지식은 건방진 사변보다 훨씬 더 확실하다. 그래서 신실한 사람은 하나님의 임재를 확실하게 알아보고 또 말하자면 손으로 만진다. 그는

거기서 자신이 살아나고 깨닫고 구원받고 강건해지고 성화
되는 것을 느낀다.199)

⑤ 이성과 마음의 지식

두메르그는 여기서 칼뱅이 파스칼에 앞서서 이성이 알지 못
하는 이성에 대해 선언했다고 평한다. 왜냐하면 그것들은 이
성을 필요로 하지 않는 신념(persuasion)이면서 동시에 매우 건전
한 이성에 의지하고 있기 때문이다.200)

이러한 특성과 관련하여 그의 문체 속에서 두드러지는 것
은 그가 매우 자주 사용한 단어들이다. 여기서 말하는 단어들
이란 다른 어떤 저자들도 그 문맥에서는 사용하지 않는 칼뱅
의 고유한 단어들을 의미한다. 그것은 '교리(doctrine)'와 '마음
(coeur)'이라는 단어이다.

교리

교리(doctrine)라는 단어는 그의 저술의 거의 모든 페이지에서
발견된다. 칼뱅에게서 교리라는 단어는 단지 교의적 조항만이
아니라 가르침, 권고, 충고, 규칙 등의 의미가 있다. 그는 로마
서 15:4의 '우리의 교훈을 위하여 기록한 것'을 '우리의 교리를
위해서'라고 번역했다.201) 그리고 그가 교리라고 인정한 것은
참되고 건전한 교리이다.

디도서 주석에서는 "참되고 순수한 교리는 값을 매길 수 없는 보물"이라고 했다. 참된 교리는 건전한(sante) 교리이다. 그런데 그 '건전한'이라는 말은 정신을 참되게 계발하는 '건강(sante)'을 시사한다. 경건을 돕지 못하면서 오직 과시로서만 행세하는 모든 사색들은 그에게서 교리로서 존중받지 못한다. 그것들은 교회 밖으로 내쫓아 버려야 하는 것들이었다.202)

마음

마음(coeur)이라는 단어는 칼뱅의 저술에서 더욱 독특한 의미가 있다. 다른 어떤 종교개혁자도 그처럼 이 단어를 자주 쓰지는 않았다. 이 말은 칼뱅의 신학의 중심원리인 신지식론의 가장 중심적인 개념을 함축한다.

이 지식은 공허한 추측이나 머릿속을 맴도는 사변(思辨)이 아니라 '마음'에 뿌리박으며 견실해지는 지식이다. 이는 객관적이지만 주관, 즉 사고의 주체를 견실케 하는 지식이라는 의미가 있다. 그리고 이 지식은 산 체험에서 얻어진다.203)

우리가 마음으로 경외하지 않고는 하나님을 이해할 수가 없다. 단지 하나님을 경외와 찬양의 대상으로 주장하는 것은 충분하지 못하다. 하나님께서는 당신이 창조하신 우주를 무한하신 권능으로 유지하시는데, (우리가) 이러한 하나님의 능력을 의식하는 것은 신앙을 낳게 하는 경건을 (누가?) 우리에게 가르쳐 주기 때문이다. 경건은 하나님께 대한 경외와 사랑이 결합된 것을 가리키는데, 이 사랑은 그의 은혜를 깨달아 앎으로써 오는 것이다.204)

칼뱅에게 신학자의 과업의 본질은 실천적 또는 실존적인 것이었다. 신학자의 가장 주된 임무는 구원에 필요하고 그리스도인의 삶에 실제적으로 유용한 지식을 제공하는 것인데, 그것은 사람들을 신앙으로 인도하며 경건의 성향(disposition)을 심어줄 수 있는 지식을 가리킨다. 이것은 머리가 아니라 마음(heart)에 뿌리박은 것이어야 했다. 그가 신앙의 지식을 이해가 아니라 확신이라고 강조할 때,205) 그 확신은 감각이나 이성이 아니라 마음에 깃드는 것이었다.

내면의 사역자 성령은 '마음'속에서 역사한다. 신앙은 '마음'의 신뢰이고 확신이다. 깨달아서 얻어진 것이 '마음'속에 심어져야 한다. 우리는 하나님이 우리에게서 특히 진지한 '마음'과 솔직한 좋은 의식을 찾고 계신다고 알고 있다. 사람들이 하나님에게 완전히 빚진 자라는 점을 '마음'속에 새겨 놓기까지는 그들은 결코 하나님에게 자신을 진실하고

솔직하게 바치지 못한다.206)

그리고 칼뱅의 '마음'이라는 단어는 모든 감각적이고 신비적인 심적 동요들까지 의미했다는 것도 간과되어서는 안 된다. '교리'와 '마음'이라는 이 두 단어는 칼뱅의 지성주의가 감성 및 경험을 포괄하는 것임을 현저히 반영하고 있다.207)

⑥ 간결과 용이함의 수사학

일반적으로 문체(style)는 인격이며, 동시에 신학자에게는 사고방식과 방법론의 주요한 표현이다. 담론이 수사학적 힘을 얻기 위해서는 명확함이 기본적인 요건이다. 칼뱅은 '간결과 용이함(brevitas et facilitas)'을 특징으로 하는 새로운 신학적 문체를 창출했다. 특히 이것은 칼뱅의 성경 주석이 갖는 특징으로 지적되어 온 개념으로서 그의 신학 저술의 문체와 성경해석 방법의 특징을 동시에 설명해 주는 말이다.

'간결(brevitas)'의 의미는 영어의 'brevity' 혹은 'conciseness'에 해당한다. 이는 해석자가 자기의 서술이나 설명, 논쟁에 있어서 간결한 스타일이 되어야 한다는 것이며, 성서 주석에서 독자들을 지루하게 하는 장황한 주석을 반대하는 것이다. '용이함(facilitas)'이란 영어의 facility 혹은 fluency of expression으로 번역되는데 문장의 부드러움이라기보다는 그 논지가 단순히 혹은 쉽게 이해됨을 의미한다.208) 용이한 방법이란 다른 주석가들과의 논쟁을 피하고 본문의 의미를 향하여 직접 가는 것을 의미한다.209)

칼뱅의 간결성은 동시대의 다른 주석가들의 다변과 장황성 (verbosity and prolixity)을 거절할 뿐 아니라 해석의 명료성이 근본적으로 성경의 명료성을 반영해야 한다는 주장을 내포한다.210) 칼뱅은《로마서 주석》의 헌사에서 이 원리를 처음 언급하고《기독교 강요》, 설교, 그리고 서신들에서도 거듭 이 원리를 언급한다. 그는 이 헌사에서 하이델베르크와 바젤의 헬라어 교수였던 시몬 그리에누스(Simon Grenaeus)에게 다음과 같이 설명한다.

내가 기억하기를, 3년 전 우리가 성경을 해석하는 데 가장 좋은 방법에 관하여 친밀한 대화를 나누었습니다. 그것은 당신을 기쁘게 했고 나 역시 동의한 방법으로서, 해석자의 최고의 장점은 분명하고 간결함에 있다는 것이 우리 둘을 확신시켰습니다.211)

이 방법은《기독교 강요》에서도 자세히 피력되고 있다.

본래 나는 간결성을 사랑한다. 아마도 내가 말을 장황하게 했다면 나는 간결성을 성취하지 못했을 것이다. 비록 긴 표현의 가르침이 높게 받아들였지만 나는 그렇게 하지 않았다. 더구나 현재의 저서의 계획은 우리가 가능한 한 간결하게 교리의 단순한 개요를 밝히도록 요구한다.212)

칼뱅이 사용한 간결성(brevitas)의 개념은 플라톤으로부터 가끔씩 사용되기 시작하여 아리스토텔레스의 수사학에서 본격적으로 사용되었고, 키케로와 퀸틸리아누스에 이르러 수사학적 방법의 가장 중요한 요건이 되었다. 플라톤은 그의 책《프로타고라스》에서 고대인들에게는 이 라코니아적 간결성이 철학의 특징적 표현이었다고 말한다. 플라톤은 파에드루스와 소크라테스의 대화를 기록한《파에드루스》에서 말과 표현의 간결성을 언급한다.

아리스토텔레스는 그의 책《수사학》에서 세밀하게 간결성의 원리를 사용하여 수사학적인 여러 개념을 소개한다. 예를 들면, 언어가 불합리적으로 되는 것은 단순함이 필요한 때에 장황하게 말하기 때문이라고 했다. 그는 좋은 문체(style)가 되기 위해서는 명료성이 필요하다고 했다. 연설에서 의미를 단순하게 전달하지 못하는 것은 반드시 전달해야 할 것을 전하지 못하는 것과 마찬가지라고 했다.

키케로는 아리스토텔레스의 수사학의 영향을 받고 간결성

의 방법을 결정적으로 자기의 스타일로 발전시켰다. 그는 사건의 진술은 간결성, 명료성, 그리고 적절성이라는 세 요소를 가져야만 한다고 했다. 그는 간결성을 쉬운 문장으로 다음과 같이 정의한다. "간결성이란 필수적인 단어들을 최소화하여 개념들을 표현하는 것이다." 그는 또한 "간결성이란 단지 몇 단어의 한계 안에서 다양한 개념들을 표현하는 것으로서 긴 해설이 필요하든지 안 하든지, 또는 시간이 많이 허용되든 안 되든 자주 사용되어야 한다"라고 말한다.

용이함(facilitas)의 개념은 주로 퀸틸리아누스(Marcus Fabiusuintiliánus, 35?~95?)가 많이 사용하였는데, 특히 종교적인 언어에서 명료한 표현을 강조했다. 해석자는 종교적인 의미를 단순하게 해야 한다고 요구했다. 그는 수사학의 초보자들에게 키케로를 탐구하도록 권했고, 무엇보다도 글을 쓰는 사람은 다른 사람들이 용이하게 이해하도록 쓰라고 가르쳤다.

간결함과 용이함의 방법론은 초기 철학자들과 수사학자들을 통하여 르네상스 시대까지 전달되고 발전되었다.213) 칼뱅은 젊은 시절 오를레앙과 부르쥬에서 법학을 공부할 때 인문주의자들을 통하여 키케로와 퀸틸리아누스의 작품들을 접하게 되었고, 이러한 수사학적 방법을 배우게 되었다. 칼뱅은 1532년 첫 작품인 《관용론 주석》에서 이 방법을 사용하여 고전의 주석을 시도했고, 회심 후 1536년의 《강요》 초판과 1539

년의《로마서 주석》을 시작으로 해서 이 '간결과 용이함'의 방법으로 그의 모든 성서 주석을 집필했다.214)

칼뱅의 문장의 간결성은 동시대의 다른 신학자들과 확연히 비교된다. 칼뱅의 창세기 주석은 루터가 8권이며 부처(Martin Bucer, 1491~1551)가 4권이었던 데 비하여 단 한 권으로 되어 있다. 그의 간결함의 원리는 성경 본문을 해석할 때 보통 사람이 이해하기 어려운 전문적인 단어를 사용하지 않고 문장을 장황하게 하지 않는 것이었다. 칼뱅이 그렇게 한 이유는 독자들이 말 많은 주석으로 인하여 부담을 느낀다는 사실을 잘 알고 있었기 때문이다.215)

그는 에라스뮈스의 장황성을 비평하기를 "헛된 사상을 길게 변론하는 데 애쓰는 것에 대해 에라스뮈스는 변명의 여지가 없다"216)라고 했다. 이런 비평은 칼뱅이 에라스뮈스의 사상과 주석에 만족하지 않고 더 정확한 것을 밝히려는 열정을 갖고 있음을 나타낸다. 사실상 칼뱅은 성경해석에서 에라스뮈스의 지나치게 자유로운 본문비평과 도덕적 해석을 강하게 비판한 바 있다.

칼뱅은 아우구스티누스를 포함하여 고대의 교부들도 장황한 해석을 많이 했다고 지적한다.

그리스도인의 생활을 어떻게 할 것인가를 서술함에 있어

서 나는 문제의 내용이 복잡다단한 것을 모르는 바가 아니다. 그 중대성으로 보아 만일 자세히 논한다면 방대한 저서가 될 것이다. 한 가지 덕목에 대한 훈계를 기술하는 데도 옛날 학자들은 무수한 말(prolixitatem)을 한 것을 우리는 알고 있다.217)

파렐(Guillaume Farel, 1489~1565)에게 보낸 서신에서도 그는 "내가 아우구스티누스를 얼마나 좋아하는지 알고 있지만, 그의 장황성은 나를 즐겁게 하지 못한다는 점을 숨길 수 없습니다. 나의 문제는 아주 간단합니다"218)라고 말했다. 그가 스트라스부르에서 많은 도움과 신학적 영향을 받은 부처(Martin Butzer)에 대해서도 그의 약점인 장황성을 지적했다.219) 부처는 비록 멜란히톤처럼 아리스토텔레스의 요점식 방법을 사용하지는 않았지만, 너무 장황하고 그 해석은 이해하기 어렵다고 말했다.

나는 다른 사람들의 견해를 인용하여 반박함으로써 독자들이 그것에 깊숙이 빠져들기를 원치 않는다. 각자가 자기의 견해를 갖게 하고, 나는 내가 생각하는 바를 말할 것이다.220)

바울 사도의 말에 약간의 어려움이 있을 때 해석자들의 견해는 다양하다. 그러나 적절하고 참된 의미를 만족스럽게 주지 못할 경우에 나는 다른 사람들의 해석들을 열거하는 데 시간을 소비하지 않고 또한 그럴 필요도 없다.221)

⑦ 수사학적 전투 상황

칼뱅의 문장 기술은 개혁자의 메시지가 일반 회중들에게 이해되고 수용되어야만 생존한다는 종교개혁의 '수사학적 전투' 상황에서 만들어진 것이었다. 그리고 그 문제상의 특징들은 인문주의의 수사학이 그에게 지속적으로 영향을 끼치고 있었음을 보여준다.

그러나 칼뱅의 수사학은 고대의 키케로나 당시 프랑스 인문주의의 특정한 수사학 패턴에 의존하는 것이 아니라 그보다 훨씬 창조적이었다. 그의 신학이나 문장은 수사학적 주장을 외면적으로는 강하게 띠고 있지 않다. 오히려 수사학적 요소가 전혀 눈에 띄지 않고 지나치게 되기도 한다.

그는 수사학의 규칙에 매이지 않았으며 지나친 수사학의 기법 사용을 절제했고, 독자들을 즐겁게 함으로써 설득하려고 하지 않았다.222) 그는 헛된 수다를 싫어하고 솔직하고 단순하게 요점을 설명하고자 했다. 그는 다른 여러 해석들을 제시하지 않음으로써 자신의 주석이 간결한 서술이 되게 했다. 같은 말을 반복하지 않았고, 관련 주제에 너무 깊이 파고들어서 독자들이 지루하게 되지 않도록 본문의 의미를 짧게 해석했다. 또한 논쟁에도 끼어들지 않았고, 별로 중요하지 않은 단어에 시간을 소비하는 것을 피했다.

⑧ 칼날(cutting edge) vs 스팀 롤러(steam roller)

칼뱅은 직선적인 단문의 고안자로서 평가되는데, 이는 프랑스어의 새로운 글쓰기 방법으로서 논쟁의 무기와 분석의 도구로 사용되었다. 16세기 프랑스어 문법에는 문장(sentence)의 정의조차 내려져 있지 않았으며, 한 문장이 10여 개까지도 주제를 담고 있는 복문이 보편적으로 쓰이고 있었다. 한 예로서 '성만찬에 대한 소론'에서 그는 주된 논점을 간결하게 그러나 분명하게 제시할 것을 약속한다.

> 내가 따르려 하는 순서를 밝히는 것이 좋을 것입니다. 첫째로 우리는 성만찬이 제정된 이유와 의도를 설명하게 될 것입니다. 둘째로 우리가 그것으로부터 얻는 효과와 결실을, 그다음에는 성만찬의 적절한 활용을, 넷째로 성만찬을 오염시킨 오류와 미신들을 점검하게 될 것입니다. 마지막으로 우리는 회복된 교회의 지도자들 가운데서 야기된 현재의 분쟁의 원천을 다룰 것입니다.223)

이것이 칼뱅이 사용하는, 한 번에 한 주제를 택하여 다루고, 그리고 그다음 주제로 나아가는 칼날(cutting edge) 방식으로서, 이 시대의 다른 저자들이 주로 사용한 스팀 롤러(steam roller)식 서술 방법과 큰 차이를 보여주는 것이다.

이그망(Francis M. Higman, 1935~)은 칼뱅의 문체를 프랑스어 발달사에서 새로운 시대구분을 긋는 것으로 평가한다. 칼뱅 이전의 불어는 서사와 묘사, 서정적 시와 경건적 묵상의 언어로서는 훌륭하였을지 몰라도 추상적 사고를 다루기에 적절한 도구는 아니었다는 것이다.224) 칼뱅은 라틴어에서나 프랑스어에서나 불필요한 수사학적 장식이나 꾸밈이 없는 분명하고 간결한 문체를 추구함으로써 동시대의 프랑스 인문주의자들이 받아들인 문체와는 다른 '진지한 문학적 미학'을 만들어 낼 수 있었다.

칼뱅의 신학적 담론이 지식 대중에 열렬한 호소력을 발휘할 수 있었던 요인은 단순히 문장의 기교 차원의 수사학이 아니라 신학함(doing theology)의 정신과 자세와 관련된 수사학의 기능이었다. 칼뱅의 신학의 수사학적 차원을 수용한 목적은 독자의 마음(coeur)에 경건의 성향을 형성(disposition forming)하고 덕을 함양(virtue shaping)하며 선을 행하려는 소망을 심는 것이었다.

칼뱅의 저술 담론은 이러한 '마음의 운동(play of mind)'을 독자들에게 일으키려는 목적을 가진 것이었다. 그러므로 칼뱅의 수사학적 신학이 갖는 의의는 그의 신학함의 자세와 관련하여 이해되어야 하며, 그것은 실천적이고 행동 지향적인 차원을 가진 16세기 수사학의 렌즈를 통해 볼 때 그 개혁적인 함의를 더욱 명료히 밝힐 수 있을 것이다.

IV.
결론:
신학적 인문주의자 칼뱅

결론:
신학적 인문주의자 칼뱅

1. 종교개혁을 위한 인문주의의 기여

본서는 칼뱅의 신학사상 속에 내포된 인문주의의 지적 요소와 사상적 기능을 조명해 보고자 했다. 그 목적은 칼뱅의 신학사상이 철저한 신본주의적 교의와 경건에 뿌리박고 있지만, 그것이 갖는 역동성과 높은 문화 상관성은 당시의 시대정신이며 주된 지적 조류인 인문주의와의 상호작용에 기인함을 증명하고자 함이다. 그리고 이를 통하여 신학과 인문학이 결합 또는 상호작용하는 방법 또는 결합모드에 대한 하나의 전범을 얻기 위함이다.

이러한 칼뱅의 신학사상과 인문주의에 대한 가설적 판단을 논증하기 위하여 먼저 칼뱅의 신학 형성과정에서 인문주의가 교육과 문화적 환경으로서 미친 영향을 고찰했다. 이것은 단순한 칼뱅의 교육적 배경에 대한 전기적 사실들만이 아니라, 그보다는 더 넓은 맥락인 종교개혁과 르네상스의 관계를 기반으로 파악하고자 했다. 특히 르네상스 정신의 심층에 흐르는 종교성을 주목했다. 이때 인문주의를 신조적 지식보다는 하나의 정신적 성향이며 사유 방식 또는 학문적 방법론으로 이해하는 관점을 취했다.

칼뱅의 신학 작업(doing theology)에서 인문주의가 수용되고 활용된 양상은 **신학적 인식론, 문헌학적 방법론, 수사학적 언어**의 3가지 측면에서 파악될 수 있다.

신학적 인식론

신앙을 '하나님을 아는 지식(knowledge of God)'으로 정의하며 접근하는 칼뱅의 '이중 신지식론(duplex cognitio Dei)'은 그의 신학 전체를 관통하는 인식론이며, 그의 신학에서 인식론적 구성 원리로 평가된다. 이것은 종교에서조차 이성의 객관적 인식 능력을 무비판적으로 전제한 중세의 신학 방법을 탈피한 것으로서 신학의 출발점을 "신 또는 신성(God or God's nature)이란 무엇인가?"라는 물음보다 "우리는 신 또는 신성(God or God's nature)을 어떻게 알 수 있는가?"라는 물음에 두고자 하는 것이었다. 이것은 르네상스 시대의 인식론적 전환과 궤를 같이 하는 방법인 동시에 성서에서 발견되는 지식 개념과 조화되는 것이었다.

문헌학적 방법론

문헌학적 방법은 로렌조 발라, 기욤 뷔데(Guillaume Budé), 에라스뮈스 등의 인문주의자들로부터 습득한 것으로서 성서에 대한 역사 문법적인 연구를 가능케 해 줌으로써 성서 해석의 누적된 오류들을 제거하고 성서의 본래 의미를 발견하게 해 주는 것이었다. 이것은 그의 방대한 성서 주석과《기독교 강요》로 대표되는 교의학적 작업의 토대가 되는 것이었다.

수사학적 언어

수사학의 학문 정신과 언어적 수련은 성서 자체의 목적인 인간의 구원과 경건의 함양을 위해 효과적으로 활용될 수 있는 것이었다. 신학과 수사학의 결합은 이미 고대 교회로부터 기독교회의 전통이었으며, 칼뱅의 수사학은 이 전통 위에 서 있다.

그는 무엇보다도 성서의 언어 자체가 인간들과의 의사소통(communication)을 위한 수사학적 성격을 갖고 있다는 점을 주목했다. 따라서 칼뱅 신학에서 수사학적 차원은 성서의 정신과 조화롭게 일치하는 것으로, 신학이 철저한 성서적 기반을 갖게 하는 데 수사학의 수용은 전혀 장애가 되지 않음을 볼 수 있다.

칼뱅의 신학과 인문주의의 관계에서 주목할 점은 인문주의의 영향이 성서 및 성서의 신학 원리와 긴밀한 조화를 유지하는 가운데 받아들여졌다는 사실이다. 그는 에라스뮈스로 대표되는 당시의 기독교 인문주의자들이 중세 말의 왜곡된 기독교를 도덕과 내면의 영성을 중심으로 갱신하면서 교의적 요소

를 무시하려 한 것과 달리 '하나님 주권 사상(God's sovereignty)'
과 '예정론', '죄론'과 '인간의 전적 부패' 등 성서의 근본 교
의를 중심으로 한 신학 작업을 인문주의 학문과 분리하지 않
았다.

그러므로 칼뱅을 당시의 프랑스 인문주의 지식인의 한 사람
으로 보는 견해는 타당하지만, 그의 인문주의는 통상적인 기
독교 인문주의와 구별되는 신학적 인문주의라는 개념으로 규
정할 수 있다.

기독교 인문주의자와 신학적 인문주의자를 구별하는 이유
를 덧붙여 말하자면, 기독교 인문주의자들은 종교를 인간의
삶의 실제와 관련시키는 것을 선호했기 때문에 전통적 의미의
교의와 신학적 연구에는 힘을 기울이지 않았다. 그러므로 중
세 종교를 향해 신랄한 비판과 풍자를 가했음에도 불구하고
대안적 신앙체계를 제시하지는 못했던 것이다.

그러나 칼뱅은 인문주의자들과 많은 공통분모를 갖되, 그
것에 머물지 않고 인문주의를 학문적 매개체로 삼아 적극적이
고 대안적인 신학 작업을 수행했다. 그리함으로써 중세 종교
를 극복하고 기독교 신앙의 본질을 재천명하는 개혁신학을 구
성했다. 따라서 칼뱅을 인문주의자로 이해하되, 통상적인 에
라스뮈스적 기독교 인문주의자들과의 차이를 밝히는 것이 본
서의 목적이기도 하다.

2. 에라스뮈스와 칼뱅

칼뱅 자신의 인문주의적 성향과 그의 신학 속에 포함된 인문주의적 요소를 고려할 때 칼뱅은 충분히 16세기 프랑스 인문주의자의 한 사람으로 간주할 만하다. 그러나 칼뱅을 어떤 범주이든 인문주의자에 포함하기 위해서는 인문주의의 개념 정의가 필요하다. 종교개혁사의 연구자들에게는 인문주의자란 누구인가? 라는 물음은 수시로 재확인을 요구하는 질문이다.

이에 대한 기술적인 답변은 일차적으로 '그리스-로마의 고전 학예에 대한 연구자로서 문필 및 교육활동에 종사하는 자'라고 할 수 있다. 그러나 그보다 더 깊은 정신적 성향과 관련하여 인문주의자를 규정한다면, '인간과 세계를 그 자체로서 사랑하고 연구하는 사람'이라고 해야 할 것이다.

르네상스-종교개혁 시기의 인문주의자들이 고전의 세계에 열정을 갖고 심취한 것도 중세 말에 이르러 창조적 힘과 사상적 비전을 잃은 스콜라 학문보다는 고대의 기독교 교부들과 그리스-로마의 시인, 철학자들이 인간과 세계, 그리고 때로는 신에 관한 질문에까지 더 진지한 통찰을 주기 때문이었다.

칼뱅도 세네카의 《섭리론》, 키케로의 《신에 대하여》와 같은 작품을 존중했다. 칼뱅 자신의 사상과 실천 속에서도 우리는 인문주의자의 근본적 성향인 인간에 대한 실제적이고 현실적인 관심의 반영을 읽을 수 있다. 그가 16세기 전반의 프랑스의 주류 문화 속에서 습득한 인문주의의 정신과 성향은 그가 기존의 전통적 신학의 틀에 박힌 패턴을 추종하지 않고 성서와 초기 기독교의 전통 속에서 새로운 개념과 관점을 발견하게 했다. 이것은 그의 생애 내내 그의 의식에 내재하며 삶의 이상과 학문적 방법론과 사고의 틀로써 작용했다. 그러므로 칼뱅은 고전에 대한 지식, 성서 연구에 적용한 문헌학적 방법과 수사학적 언어의 능력으로 볼 때 뛰어난 프랑스 인문주의자의 한 사람으로 평가될 수 있다.

그러나 정작 그의 인문주의가 중요성을 인정받아야 할 지점은 그의 신학 작업 속에 반영되는 인문주의 정신이다. 《강요》의 서두에 나오는 "인간 자신에 대한 지식이 하나님을 알게 하며, 하나님에 대한 지식이 자신을 알게 한다"라는 명제는 칼뱅 신학의 인식론의 전제이다.

이 명제의 앞 부분은 인간에 대한 지식(인문적 지식)과 그것에 대한 탐구의 가치를 긍정하는 인문주의 정신의 표현일 뿐 아니라 인간과 세계에 대한 지식을 통하여 창조주 하나님에 관한 지식(신학적 지식)을 산출할 수 있다는 점에서 신학적 지향을 강하게 내포하고 있다. 그리고 하나님에 관한 지식에서 피조물인 인간에 대한 지식을 얻을 수 있다는 이 명제의 뒷 부분은 신학적 지식과 인문적 지식이 불가분의 관계에 있음을 명시하고 있다.

따라서 칼뱅이 지향하는 인문주의는 유신론적 전제만을 갖거나 기독교 신앙을 윤리와 덕성의 차원에서만 함양하고자 하는 통상적인 기독교 인문주의와 달리 구별될 필요가 있다. 즉, 그것은 교의적이라는 의미에서의 신학적 지향을 강하게 갖고 있으며, 인문주의 학문과 신학의 역동적인 종합을 추구하고 있다. 그런 점에서 이중 신지식론의 명제는 칼뱅 특유의 신학적 인문주의의 요체가 된다고 할 수 있다.

칼뱅과 당시의 기독교 인문주의자들의 차이점을 알기 위해서는 그들의 종교적 태도를 구체적으로 이해할 필요가 있다. 당시 기독교 인문주의자들은 그리스도 신앙을 고백하고 있었으나 신학적 작업에 관심을 두고 있지는 않았다. 그들은 사상적인 작업에서 유신론적 전제를 내포하고 있었지만 신앙의 제문제에 대한 체계적 해답을 추구하지는 않았고, 신학에서 문제의 해결을 기대하고 탐구하지 않았다.

그 대표적인 예는 에라스뮈스이다. 16세기 전반에 유럽 최고의 인문학자로서 명성을 누리던 그의 사상 세계는 인문학과 성서적 그리스도교의 조화 위에 이루어졌다. 그는 고전 인문학 또는 문학적 인문학(litterae humaniore) 속에서 인간 교양의 길을 인식했다. 그리고 이것은 순수한 그리스도교에 봉사하는 것이어야 했다. 지나치게 이교적인 학예에 몰두한 이탈리아 르네상스 속에서 에라스뮈스는 고전 인문학을 부흥시킨다는 미명 아래 이교주의가 머리를 쳐들고 있는 위험을 감지했다. 그는 좋은 학문을 강조하되 그것이 그리스도교 신앙과 관련하여서만 궁극적 의미를 지니는 것으로 생각했다.

그의 고전주의는 고대로부터도 그리스도교적 이상과 조화되는 요소만을 선택하고 받아들였다. 그에게 고전연구는 그리스도교의 순화에 이바지해야 했으며 그 목적을 위해 에라스뮈스는 고대를 그리스도교적 고대로 국한했다. 따라서 에라스뮈스의 인문주의를 그리스도교 인문주의, 성서적 인문주의로 부르는 데는 분명히 그의 강한 신앙적 동기가 인정되어야 한다.

그러나 그의 성서적 휴머니즘은 두 가지 면에서 칼뱅과 같은 개혁자의 인문주의와 구별된다. 첫째로, 그의 《우신 예찬》(1509)에서 가장 대표적으로 드러나는 종교비판은 해박한 지식과 문학적 능력이 구사된 것으로서, 부패한 교회와 성직자들과 구태의연한 학자들을 효과적으로 비판했지만 신학적 대안을 제시하는 작업을 수행하지는 않았다. 그는 근본적으로 그리스도교적 이상을 기독교의 교의적 신조나 전례보다는 경건과 도덕의 영역에서 찾고자 했기 때문이다. 둘째로, 그는 현실

교회 즉 가견 교회(visible church)를 위한 이론으로서의 교회론적 구상은 갖지 않았다. 단지 개인적 도덕과 학식 있는 경건이 부패한 로마교회를 새롭게 할 것이라고 믿었다.

그의 신학 관련 작업은 성서의 편집과 주석에서 머무른다. 성서에 관한 연구와 비성서적인 관행에 대한 비판은 그가 기독교 신앙을 재정의하고 교회의 개혁과 갱신의 청사진을 설계하는 신학 작업의 차원으로 나아가게 하지는 않았다. 평화와 관용을 희구하며 범국가적 그리스도교 공동체의 형성을 역설하는 그의 사상은 교의적 신조와 신학 노선을 구성하고 논쟁하는 것과는 거리가 멀었다. 루터는 중세 교황제의 병폐가 잘못 행함(도덕)이 아니라 잘못 믿음(신학)에 뿌리를 둔 것이라고 확신했으나, 에라스뮈스는 이를 공유하지 않았다. 그는 교의적 구조에 대한 개혁보다는 도덕적 갱신으로써 기독교 공동체가 새로워지고, 화합되어 그 보편성이 지속되기를 바라는 입장이었다.

에라스뮈스가 이러한 입장을 견지하는 데는 그의 정신자세의 특징이 함께 작용한다. 그것은 순수 관객(spectateur pur)의 심성이다.225) 전 유럽이 한편에서는 교황과 황제와 제후들이, 다른 한편에서는 루터와 멜란히톤과 쯔빙글리가 그의 행동과 결단을 촉구한 종교개혁의 격동 속에서 에라스뮈스는 현실 세계에 대한 방관자의 자세를 선택했다. 종파적·정치사회적 이데올로기의 당파적 갈등이 극심한 종교개혁의 상황에서 그는 어느 편에도 속하지 않고 언제나 홀로 있기를 원했다. 그의 의식은 근본적으로 철학적으로나 신학적으로나 특정 노선을 주장하는 것과는 거리가 멀었다.

그의 심성의 성향은 석의(paraphrasing)적인 것이었다. 하위징가(Johan Huizinga, 1872~1945)의 말에 의하면 가장 완벽한 뜻에서의 문헌학적이었다.226) 실증적이고 비판적인 성서 연구와 교부문학, 고대 연구에 생애를 바친 학문에 능통한 인물이 그가 원하는 자신의 상이었다.

칼뱅에게는 에라스뮈스와 같은 당시의 기독교 인문주의자들과는 공유되는 속성도 있지만 구별되는 것이 있었다. 그러한 구별되는 점이 있었기 때문에 자신이 청년기에 희망했던 것처럼 고전의 주석가나 고대 로마법 전문가, 또는 에라스뮈스나 르페브르 데타플 같은 문헌학적인 성서학자에 머무르지 않고 종교개혁 운동의 중심인물이 되었다.

그러므로 칼뱅의 인문주의를 그 고유한 특성을 규명하지 않고 단순히 르네상스 시대의 일반적인 인문주의 또는 기독교 인문주의와 동일시하는 것은 그의 종교사상의 독특성과 역동성의 원천을 파악하지 못하며 향후의 기독교 신학과 인문학의 상호관계를 정립하는 데도 도움이 되지 못할 것이다.

칼뱅의 인문주의가 갖는 독특한 면은 그의 인문주의가 신학적인 지향을 수반하고 있다는 점이다. 첫째, 칼뱅은 누구보다도 인간에 대한 지식을 교회에 제공해 주기 원했다는 점에서 인문주의자들과 공유점을 갖지만, 그것을 하나님에 관한 지식과 연결하기 위해 애쓴 교회의 교사라는 점에서 구별된다.227) 둘째, 고전 연구가로서의 그의 모습이다. 그는 고전을 연구하고 자신의 신학 저술 속에서 고전의 지식을 자유롭게 인용하며 구사했다. 그것은 독자들의 성향에 맞추기 위해서만이 아니라 자신이 그것들을 애호했기 때문이다.228) 그러나 그것들은 항상 성서를 넘어선 권위를 갖거나, 성서의 사상과 배치되지 않았다.

고전을 성서의 원리와 일치하거나 조화를 이루는 한계 안에서 성서의 가르침에 대한 유용한 해석과 설명의 도구로 사용하는 것이 고전학자로서 칼뱅의 자세였다. 그는 성서의 우위성을 명시했으며,229) 개혁신학을 인문주의와 동일시한 자들을 비판하기도 했다.230) 이에 대해 도예베르트(Herman Dooyeweerd, 1894~1977)는 칼뱅의 사상은 멜란히톤과 달리 인문주의의 문헌학 정신이 지배하지 못하고 성서의 정신이 통제했다고 평가한다.231)

우리가 칼뱅에게서 주목할 점은, 그가 인문주의 학자이면서도 자신의 신학을 갖고 있었으며 그것이 인문학을 선도했다는 점이다.《기독교 강요》에서 보여주듯이 그는 교의를 명확히 천명하는 일의 중요성을 강조하고 교의적인 신학 작업에 매진했다. 그의 신학의 이면에는 르네상스 인문주의의 정신이 발견되고 있으나, 그것은 성서의 개념을 상대화하거나 왜곡하는 것이 아니었다. 오히려 성서의 신앙개념들이 인문학문의 규범적 기준으로서 작용했다.

칼뱅의 사상에서 성서와 신학이 인문학보다 상위에 놓이게 된 것은 단순한 호교적 목적이나 교조적인 교회중심주의 때문이 아니었다. 그것은 세상을 향한 하나님의 섭리와 경륜을 바라보는 신학적 전망은 인간과 세계에 대한 인문주의적 인식을 포용할 때 더욱 풍요롭고 효과적이라는 점을 칼뱅이 믿었기 때문이었다. 그런 점에서 칼뱅에게서 인문주의 학문은 '신학의 시녀가 아니라 기사(cavalry)'라는 표현은 매우 적절하다고 하겠다.

[부록]
칼뱅 연구사

부록: 칼뱅 연구사

신학적 접근과 역사적 접근

　지금까지 칼뱅의 신학사상의 종교적 역동성과 문화적 형성력(cultural force)의 원천을 탐구하는 연구는 역사적 접근보다는 주로 신학적 접근에 의해 이루어져 왔다. 그리고 이것은 주로 칼뱅 신학의 중심교리를 찾아보려는 시도로써 행해졌다. 에른스트 트뢸치(E. Troeltsch, 1865~1923)를 비롯한 많은 이들은 예정론을 칼뱅 신학의 중심교리로 보았으며, 빌헬름 니젤(W. Niesel, 1903~1988)은 기독론을, 그리고 벤자민 워필드(B. B. Warfield, 1851~1921) 등은 성령론에 주목하며 칼뱅을 '성령의 신학자'로 규정하기도 했다.

　하지만, 근래에는 칼뱅 신학의 전체적인 성격을 특정한 중심교리에만 의거하여 파악하려는 관점은 설득력을 인정받지 못하고 있다. 그렇다면 칼뱅 신학의 특성의 원천을 어디에서 찾아야 할 것인가?

종교적 사상의 특성은 교의적 요소에 의해서만 형성되는 것은 아니다. 신학이나 종교사상의 특질은 그 사람이 속한 종교적·문화적 전통이나 개인적 체험에 따라 결정되기도 하며, 사상의 체계화 과정에서 인접 학문의 인식론과 방법론, 그리고 동시대의 정신적 태도(mentality)와 문화적 경향 등에 영향을 받게 마련이다.

헨리 미터 연구소(Henry Meeter Center)의 소장을 역임한 리처드 갬블(Richard Gamble)은 1990년 세계칼뱅학술대회에 제출한 <칼뱅연구동향 보고서>(1982-90)에서 칼뱅의 생애와 시대, 저작에 관해 쏟아져 나오는 방대한 새로운 정보들이 학제 간의 연구를 통해 통합되어야 함을 지적하면서, "역사가들은 신학자들의 글을, 그리고 신학자들은 역사가들의 연구성과를 읽어야 한다"라고 결론을 내린 바 있다.

이 보고서는 칼뱅 연구의 동향을 4개 부문으로 요약하고 있다.

첫째는 '칼뱅 연구의 새로운 경향'으로서 사회적·정치적 관심과 주석사(exegetical history)에 관한 연구이다.

둘째, 지성사(intellectual history) 및 신학사 부문으로서 칼뱅과 중세 후기 신학, 칼뱅과 르네상스 및 인문주의, 칼뱅과 루터 및 에라스뮈스와의 관계를 주로 다루고 있다.

셋째, '칼뱅의 언어와 해석학' 부문의 연구성과들은 2차대

전 이후 칼뱅 연구의 부흥에 뿌리를 둔 것으로서, 종래의 칼뱅 연구 가운데서 가장 현저한 진전을 보였으며, 또한 가장 더 많은 연구가 필요한 부문이다.

넷째, '칼뱅과 신학'에서는 칼뱅 연구의 많은 진전들 가운데서도 가장 의미 깊은 돌파는 신학자 칼뱅에 대한 분석에서 이루어졌음을 주목한다. 칼뱅 신학의 전체적 특성을 신학의 구조와 인식론에서 찾으려는 견해들이 두드러지며, '이중 신지식론(deplex cognitio Dei)'이 칼뱅 신학을 규정하는 원리라는 데에 전반적인 의견 일치가 이루어지고 있음을 지적한다. 여기에서는 그것이 신학적이기보다는 철학적 이해라는 반론도 제기되고 있음을 소개한다.232)

칼뱅 연구에서 신학자들과 역사가들의 대화는 아무리 강조해도 지나치지 않는다. 그와 관련하여 신학사상에 대한 역사적 접근의 방법과 의미에 관한 윌리엄 바우스마(William Bouwsma)의 견해는 경청할 만하다. 그에 따르면, 이제까지 칼뱅은 역사가들의 진지한 연구의 대상이 되지 않았다. 일반 역사가들은 그를 시대의 아들, 즉 역사적 인물로 묘사하는 데 거의 관심을 두지 않고, 그를 신학자들 또는 칼뱅 전문가들에게 남겨두어 왔다.

그 이유는 복합적이지만, 우선 역사가들이 학문, 예술, 종교

등 문화사 영역의 주요 인물과 씨름하기를 꺼린다는 점을 들 수 있다. 그것은 지적·예술적·종교적 비범성은 역사적 과정과 분리된 별개의 것이라고 생각하는 경향이 있기 때문이다. 신학 연구자들 역시 비범한 신학자란 마치 계시의 대변인과 같은 역할을 하는 것으로 여기곤 하였으므로 그들이 자기 시대의 역사적 환경과 상호작용하는 국면에 대해서는 통찰을 기울이지 않았다.

칼뱅의 경우도 그의 영적인 영향력은 '하나님의 엄위(God's majesty)' 체험에서 나온 깊은 경건과 신학적 확신 때문으로만 파악되었을 뿐, 그가 자신의 신학을 위해 채택한 개념과 언어의 특성에 관해서는 세심한 연구가 행해지지 않았다. 따라서 당시의 르네상스 학문 및 시대정신과의 상관성은 간과되었다.

그러나 종교나 예술, 학문상의 비범성은 역사적 과정을 초월한 천재성의 소산이라기보다는 평범한 사람들보다 그 역사적 상황의 특성을 더욱 민감하게 인지하고 반응한 결과라고 보아야 한다. 이것은 칼뱅에게서도 뚜렷이 찾아볼 수 있는 점이다.

칼뱅 전기 연구

칼뱅에 관한 역사적 연구는 일차적으로 전기물에서 찾아볼 수 있다. 칼뱅의 전기는 그의 사후 베자(Theodore Beza)와 꼴라동 (Colladon) 이래로 계속 발간되어왔으나, 칼뱅의 사상을 당대 문화의 상호작용 속에서 고찰한 지성사적 연구는 희소하였다. 일찍이 퀴리누스 브린(Quirinus Breen)이 칼뱅을 프랑스 르네상스의 인문주의 지식인이라는 관점에서 조명한 <장 칼뱅: 프랑스 인문주의의 연구(John Calvin: A Study in French Humanism)>(1931)로써 선구적인 업적을 남겼으며, 카톨릭 사제인 가노찌(A. Ganoczy)의 <젊은 칼뱅(Le jeune Calvin)>(1966)은 칼뱅이 어떻게 종교개혁자가 되었는가를 교육적 배경과 종교적 발달을 중심으로 연구하였다. 수잔 셀린거(Susan Selinger)는 <칼뱅에 대항하는 칼뱅: 지성사적 탐구(Calvin against Calvin: An Inquiry of Intellectual History)>(1984)에서 심리와 언어의 분석을 통하여 칼뱅 신학의 특성을 고찰하며 신학사와 지성사의 종합을 시도하였다.

근래에 가장 주목받은 칼뱅 연구는 미국역사학회 회장을 역임한 바 있는 버클리 대학의 윌리엄 바우스마가 1988년에 발표한 《존 칼뱅: 16세기의 초상(John Calvin: A Sixteenth Century Portrait)》(1988)이다. 역사적 방법에 의한 종교연구의 중요성을 강조하는 이 연구는 르네상스와 종교개혁의 연속성에 대한 인식을 기반으로 하고 있다. 즉 르네상스는 종교개혁이라는 종교적 변화를 가능케 한 문화적 조건이 되었다는 것이다. 하비 콕스 (Harvey Cox, 1929~)는 이 책을 지금까지 집필된 칼뱅 전기 중 최상의 것이라 극찬하였으며, 세계칼뱅학술대회에서 단행본 연구서로는 이례적으로 분과토의의 주제가 되기도 하였다. 바우스마의 연구는 르네상스와 종교개혁 시대에 관한 심도 있는 지성사적 연구성과를 토대로 했을 뿐 아니라 방대한 칼뱅의 설교와 성서 주석을 전체적으로 섭렵한 노작이다. 이 연구는 칼뱅의 내적 심리와 그가 속한 문화의 특성을 탁월하게 조명해주었다.

물론 이러한 접근의 연구는 개혁자의 경건과 영적 지향, 신학적 확신에 대한 깊은 성찰은 결여한다는 비판을 받기도 하지만, 이 저작은 칼뱅에 대한 신학적 연구들을 보완하는 문화적 전기로 높이 평가받아야 할 것이다.

신학자들 가운데도 칼뱅의 신학의 특성을 인문주의 전통과의 관련 속에서 분석한 연구들이 있었다. 예일 대학의 서린 존스(Serene Jones)는 《칼뱅과 경건의 수사학(Calvin and the Rhetoric of Piety)》(1995)에서 《기독교 강요》의 텍스트에 반영된 칼뱅의 수사학적 의도와 기법을 심도 있게 읽어내며, 그것을 가능케 한 당시의 인문주의 학문 사조와 종교적·정치적 조건들을 고찰했다. 칼뱅 신학의 수사학적 차원에 관해서는 프랑스의 올리버 미예(Oliver Millet), 브누아 지라르댕(Benoit Girardin), 프란시스 이그망(Francis M. Higman) 등의 앞선 연구가 있다.

브루스 고든의 《칼뱅》(이재근 역, IVP, 2018)은 2009년 칼뱅 탄생

500주년에 출판된 수많은 칼뱅 전기 중 독보적 평판을 얻었
다. 신학서나 사상서가 아니라, 칼뱅이라는 인물이 어떻게 살
았는지 보여주는 평전, 즉 비평적 전기이다.

미주

[미주]

머리말

1) 칼뱅의 일반은총론에 대해서는 카톨릭 사가인 크리스토퍼 도슨이 예리하게 읽어내고 있다. Christopher Dawson, *Religion and Culture* (Sheed and Ward), p.27.

2) Serene Jones, *Calvin and the Rhetoric of Piety,* (Louisville, John Knox Press, 1995), p.1. 이 논제에 관한 연구들은 다음을 참조. Max Weber, *Die protestantisch Ethik und der Geist Kapitalismus* (1904-1905), 권세원, 강명규 역, <프로테스탄티즘의 윤리와 자본주의 정신>(서울, 일조각, 1987); W. S. Stanford Reid, *John Calvin: His Influence in the Western World*(Grand Rapids, Zondervan, 1982), 홍치모, 이훈영 역, <칼빈이 서양에 끼친 영향>(서울: 크리스찬 다이제스트, 1994); Michael Walzer, *The Revolution of the Saint: A Study in the Origins of Radical Politics* (Cambridge, Mass., 1965); Perry Miller, *The New England Mind*(New York, 1939); R. Hooykaas, *Religion and the Rise of Modern Science*(Edinberg and London, 1972).

3) 히 5:12f. "젖을 먹는 자마다 어린 아이니 의의 말씀을 경험하지 못한 자요 단단한 음식은 장성한 자의 것이니 그들은 지각을 사용함으로 연단을 받아 선악을 분별하는 자들이니라"

4) 칼뱅주의의 근본 전제인 하나님 주권 사상은 일반은총과 영역주권 사상과 결부될 때에 삶이 모든 영역에서의 그리스도의 주되심을 구현하는 학문과 사상을 낳을 수 있었다.

I. 서론: 르네상스 문화와 종교개혁

5) 이 사실은 칼뱅이 청년기까지만 인문주의자였는가 아니면 평생 인문주의 정신과 학문을 구사한 인물인가? 라는 물음을 낳게 한다.

6) 여기에 한 요인으로 작용하는 것은 학자들 사이에서 지나치게 세분화된 연구영역의 구분이다. 그들은 르네상스와 종교개혁, 르네상스 중에서도 피렌체와 베네치아, 마키아벨리와 에라스뮈스, 후기 스콜라주의와 경건 운동의 역사, 루터와 칼뱅 또는 비주류 종파 등으로 나뉘어 왔다. 이런 경향 속에서 르네상스 연구자들은 종교개혁까지 돌아보는 이들이 거의 없었고, 종교개혁 연구자들이 다소 대담한 시야를 가졌으나 그들도 역시 종교개혁의 전조를 북방 르네상스 이상으로 넓혀서 탐구하는 사람은 흔치 않았다. 그러나 Q. Breen, A. Dufour, L. Spitz, H. Liebing, Charles Trinkaus 등이 이를 넘어서는 귀중한 기여를 했다. Cf. Q.Breen, *John Calvin: A Study in French Humanist*(Grand

Rapids, 1968); A. Dufour, "Humanisme et Reformation", *Histoire politique et psychologie historique*(Geneva, 1966); Louis W. Spitz, *The Religious Renaissance of the German Humanists;* Heinz Liebing, "Die Ausganger des europaichen Humanismus" *Geist und geschichte der Reformation*(Berlin, 1966); Charles Trinkaus, *In Our Image and Likeness: Humanity and Divinity in Italian Humanist Thought*(2vols; Chicago, 1970), "Renaissance Problem in Calvin's Theology", *Studies in the Renaissnce, I*(1954).

7) 어떠한 사상이든 재생산이 가능하려면 명제 분석이나 정태적 묘사를 넘어 구체적인 동적 과정을 파악하는 역사적 이해가 요구된다.

8) William Bouwsma, "Renaissance and Reformation: An Essay on Their Affinities and Connections", *A Usable Past*(Berkeley, University of California Press, 1990), p.227.

9) 같은 책.

10) 이런 관점에서 르네상스의 사상은 중세에 비해 항상 덜 합리적 (rational)인 것은 아니었으나 덜 이성주의적(rationalistic) 성격을 띠고 있었다고 평가된다.

11) 스콜라주의가 공격받은 가장 큰 이유는 무엇보다 영역의 구분 때문 이었다. 르네상스의 정신은 인간의 지성으로 접근할 수 없는 궁극적 진리와 인간이 이 세상에서 알아야 할 지식의 영역을 구분하는 것이 었다. 페트라르카 이래로 로렌초 발라, 마키아벨리, 폼포나찌 등 르네상스의 지도적 인물들은 인간의 성찰이나 행동을 형이상학 위에

정초시키려는 시도를 거부했다. 그들은 인간의 관심사가 될 각 영역의 자율성을 주장했다. 이것은 철학 특히 체계적 철학을 거부함을 의미했다. 그러할 때 철학은 신학 외에는 기여할 곳이 없게 된다. 같은 책.

12) 토지에 근거한 삶은 자연 질서에 대한 감각을 고취하지만, 다른 한편으로는 변화의 의미를 지각하는 힘을 억제하는 경향이 있다. 르네상스 시기의 정치 사회적 변화 속에서 발달한 상인공동체와 독립적인 정치 세력들의 야심찬 활동은 모든 삶의 경험을 예측할 수 없는 우연적인 힘들과 인간의 현실적인 재능의 상호작용에 의한 것으로 인식하도록 만들었다. 이러한 상황에서 전통적 지배관념인 우주적 질서라는 것은 현실적이지 않고 인간사와는 거의 상관없는 것으로 여겨지게 된다. 그 대신 경험적인 현실에서 명백히 작용하는 사회 변동의 법칙들을 이해하려는 노력을 고양했고, 한 걸음 더 나아가 역사에 대한 의식을 자극했다. 위계적인 질서를 거절하고 이익과 직결된 지역적 요구, 지역 자결권들의 균형을 존중하는 실험들이었다. 여기서 최선의 조치는 어떤 절대적 형태가 아니라 그 시기의 인간적 목적에 가장 적절하게 부합하는 것을 찾는 것이었다. 같은 책, p.230.

13) 이와 관련하여 주목되는 사실은 12세기의 르네상스를 비롯하여 고대 로마 문화의 전승은 이탈리아 밖의 지역에서 이루어졌으며 페트라르카의 경우가 그러하듯이 이탈리아 인문주의자들 중에는 이탈리아 외부에서 교육받은 이들이 많았다는 점이다. 같은 책, p.228.

14) Donald Wilcox, In Search of God and Self, (Houghton Mifflin,

1975), 차하순 역, <神과 自我를 찾아서> (이화여대 출판부, 1985), p.3.

15) 근대 세계가 가져다준 복잡하고 분주한 삶 속에서는 인간을 이성적 능력에 따른 위계의 관점으로 바라보는 것은 설득력을 갖지 못했다. 그 대신 인간은 의지-정념(passion)에 반응하는-가 중심적 위치를 차지하는 존재로 인식되게 된다. Bouwsma, "Renaissance and Reformation", p.230.

16) 르네상스 문화를 그 이후의 역사발전과 관련해서 이해할 때 주목할 점은, 르네상스의 성취 자체보다도 그 성취가 내포하고 있는 함의가 더 의미심장하다는 것이다. 그리고 르네상스와 종교개혁의 연관성은 이러한 세계관적 변화와 문화의 심층적 경향성의 변화라는 맥락에서 검토해야 한다는 것이다. 중세의 스콜라적 인간관에 대비하여 르네상스의 인간 이해는 이성적인 면보다 의지적인 면에 중점을 두는 경향이 가장 큰 특징이다. 통상적으로 인간의 능력을 중세보다 높이 평가하는 것이 르네상스 정신의 인본주의적 특징으로 여겨지고 있지만, 실제는 이성에 기초한 인간의 지성적 능력의 한계를 분명히 인식하는 것이 르네상스 문화의 중요한 특성이었다. 다만 이것은 부정적인 인간관으로 흐르지 않고 새로운 사회환경이 제공하는 삶의 경험에 적절히 부합하는 새로운 인간성의 개념으로 나아가게 했다.

17) 같은 책, p.231.

18) 이와 같은 인간관의 또 하나의 결과는 역사서술에서의 변화로서, 인간의 문화는 절대적인 것이 아니라 그 시대의 조건에 따라 결정되는

상대적인 것이라는 관점에서 과거를 인식하게 된다.

19) 같은 책, p.232.

20) 같은 책,

21) P. O. Kristeller, *Eight Philosophers in Italian Renaissance* (Stanford University Press,1964), p.6.

22) 페트라르카는 "On His Own Ignorance"에서 "키케로를 예찬하는 것이 키케로주의자가 되는 것이라면 나는 키케로주의자이다. …… 그러나 종교, 즉 최고의 진리이고 참다운 행복이며 영원한 구원인 종교에 대해 말하게 될 경우 나는 키케로주의자도 플라톤주의자도 아닌 기독교도일 뿐이다. 키케로가 만일 그리스도를 알고 그의 교리를 이해했다면 그도 역시 기독교도가 되었을 것이라고 나는 확신한다"라고 말하기도 했다. E. Cassirer, *The Renaissance Philosophy of Man* (University of Chicago Press, 1948), p.23. 진원숙, "이탈리아 르네상스와 기독교" <대구사학> 38집(1989), p.290 재인용.

23) Ronald G. Witt, *Hercules at the Crossroad: The Life, Works and Thought of Coluccio Salutati,* Duke Monographs in Medieval and Renaissance Studies (Duke Univ Press, 1983), pp.127-132. 진원숙, p.303 재인용.

24) Bouwsma, p.236.

II. 인문주의 조류 속의 칼뱅

25) 이 점에 관하여는 Gamble과 McGrath를 참조. Richard C. Gamble, "Current Trends in Calvin Research, 1982-1990," in Wilhelm Neuser ed., *Calvinus Sacrae Scripturae Professor* (Eerdman, 1990), p.98 ; A. E. McGrath, *Reformation Thought: An Introduction* (Oxford, Blackwell, 1988), p.32.

26) 따라서 르네상스와 종교개혁의 관련성이나, 본서의 주제인 칼뱅과 인문주의의 관계에 대하여도 아직까지 결정적인 합의가 존재하지 않고 있으며, "인문주의의 정의는 아무도 그것의 정의를 내린 사람 외에는 만족시켜 본 적이 없다"라는 말이 있을 정도로 개념상으로나 역사적 기능에 있어서 모호성을 띠고 있는 것이 사실이다.

27) W. 베네트는 인문주의 학문에 대하여 다음과 같이 표현하고 있다. "인문학은 인간의 경험에 관하여 가장 잘 말하고 있는 기록이다. 인문학은 우리 문명과 다른 문명에 속한 남녀들이 어떠한 방식으로 영원한 질문들 즉 정의란 무엇인가? 무엇을 귀중하게 아껴야 하며, 무엇을 지켜야 할 것인가 등의 문제와 어떻게 부딪쳐 싸워 왔는가를 말해준다. *A Report on the Humanities in Higher Education,* (National Endowment for the Humanities, 1984), p.11.

28) Nicola Abbagnano, "Humanism", *The Encyclopedia of Philosophy* 4, p.69.

29) 김영한, "르네상스 인문주의의 본질과 특성", 김영한 편, <서양의 인

문주의 전통> (서강대 인문과학연구소, 2001), p.33.

30) 김영한, 같은 책, p.3.

31) 이와 동일한 취지에서 휴머니즘의 개념을 역사서술에 도입한 사람은 포이그트(Georg Voigt)이다. 그는 1859년 <고전고대의 부활 및 휴머니즘의 첫 세기>(*Die Wiederbelebung des classischen Alterums, oder das erste Jahrhundert des Humanismus*(Berlin, 1859)에서 르네상스를 휴머니즘의 시대라고 주장했고, 일년 후에 이 주장은 유명한 부르크하르트의 <이탈리아 르네상스의 문화>(*Die Kultur der Renaissance in Italien*(Berlin, 1860)를 통하여 널리 알려지게 되었다.

32) Allan Bullock, *The Humanist Tradition in the West*(London, 1985), p.9. 김영한, "르네상스 인문주의의 본질과 특성", p.32. 재인용.

33) P.O. Kristeller, *Renaissance Thought and Its Source*(New York,1979), p.22.

34) 김영한, "르네상스 인문주의의 본질과 특성", p.4.

35) Cicero, *De Oratore,* II.35, tr., E.W. Sutton(London, 1967), p.223. 김영한, 같은 책, p.5. 재인용.

36) D. Weinstein, ed., *The Renaissance and Reformation*(New York, 1966), p.74.

37) Richard Rex, "Humanism" A.Petegree ed. *The Reformation World,* (Routledge, 2000), p.51.

38) 김영한, "르네상스 인문주의의 본질과 특징", p.25.

39) E. David Willis, "Rhetoric and Responsibility in Calvin's Theology" *The Context of Contemporary Theology: Essays in Honor of Paul Lehman*, ed. A.J. McKelway and E.David Willis(John Knox Press,1974), p.45.

40) 수사학에는 표현상의 기교를 연마하는 기술(techne) 이상의 적극적 기능이 있다. 수사학적 정신은 세계와 인간에 대한 깊이 있는 고찰을 가능케 한다. 웅변가와 수사학자는 설득력을 얻기 위하여 말하고자 하는 주제의 내용과 특성을 최대한 풍부하고 구체적인 박학함으로 써 설명하며, 청중의 환경과 삶의 정황, 심리적 상태에까지 세밀한 통찰을 추구한다.

예를 들어, 범죄의 원인을 설명함에서 '본성적으로 악하기 때문에' 라는 식으로 근본 원인이나 화자 중심의 단정적 선포로 그치지 않는다. 그것은 종교나 이념논쟁에서 흔히 보듯이 대상을 화자의 독단이나 신념으로써 규정하는 결과가 되기 일쑤이다. 낸시 스트뤠버는 르네상스 시대의 수사학은 역사가들에게도 개별 사건들을 사건 자체의 고유한 상황에 비추어 고찰하게 했을 뿐 아니라 상호관계에 유의하면서 비판적으로 파악하게 했다고 지적한다. 만일 이러한 수사학적 지침이 없었다면 르네상스 인문주의자들이 성취한 고전적 형식의 부활도 공허한 이데올로기가 되었을 것이라고 평가한다. Nancy Struever, the Language of History in the Renaissance (1970), pp.65, 87, 90.

41) Willis, p.46.

42) 박준철, "르네상스 휴머니즘과 종교개혁의 관계-멜란히톤의 비텐베

르크 대학 커리큘럼 개편을 중심으로", <서양사론> Vol.52, no.1 (1997), p.23.

43) Bouwsma, "Renaissance and Reformation", pp.113-4.

44) 같은 책, p.114, n.1.

45) Richard Rex, "Humanism", p.53.

46) 멜란히톤은 1527년 이래로 매년 교구 시찰을 하였는데 1528년 개신교 진영의 중추 지역인 작센의 교구를 방문한 직후 다음과 같이 자책하며 탄식하고 있다. "우리가 지금까지 사람들을 엄청난 무지와 어리석음 속에 방치하여 왔다는 사실을 어떻게 책임져야 할 것인가. 이 불쌍한 사태를 목격하면서 나의 가슴은 피를 흘리고 있다. 한 지역의 조사를 마치고 나면 나는 종종 구석으로 가 눈물을 흘림으로써 나의 마음을 달래곤 한다." *Corpus Reformatorum, Phillipi Melanchtonis,* ed. by Carlos G. Bretschneider, Henricus E. Bindseil(Halle, 1834-860) 1. no.454, p.881. 박준철, "르네상스 휴머니즘과 종교개혁의 관계", p.12, n.28. 재인용. 중세 말에 성직자의 무지와 교육 수준의 저하가 현저해진 이유는 중세 카톨리시즘의 신앙관이 전례주의와 공로주의에 빠짐으로 신앙의 지적 내용에 무관심하게 된 것과 함께 흑사병 창궐 시 성직자들이 병자들과의 접촉으로 인하여 사망률이 높았으며, 그 후 그들의 공백을 메우기 위하여 교회 관리의 차원에서 무자격자들에게 성직 임명을 남용한 것을 주원인의 하나로 본다.

47) A. E. McGrath, *Intellectual Origin of the European Reformation* (1995, Baker); *A Life of John Calvin*(Eerdman, 1995).

48) McGrath, *A Life of John Calvin,* p.62.

49) Charles Trinkaus, "A Humanist Image of Humanism: The Inaugural Orations of Bartolommeo della Fonte", *Studies in the Renaissance* 7(1960), pp.90-147; H. H. Gray, "Renaissance Humanism: The Pursuit of Eloquence" *in Renaissance Essays,* eds. P. O .Kristeller and P.P. Wiener(New York, 1968), pp.196-216; A. E .McGrath, *Reformation Thought: An Introduction*(Oxford, Blackwell, 1988), 박종숙 역,《종교개혁사상입문》(성광문화사, 2002), pp.57-59. 재인용.

50) McGrath, 같은 책, p.58.

51) 같은 책.

52) 곽차섭, "르네상스 휴머니즘의 해석에 대한 재검토", <歷史學報>(1985, no.108), p.175.

53) 박준철, "르네상스 휴머니즘과 종교개혁의 관계", p.6. 에라스뮈스의 자유의지에 대한 논고와 루터의 노예의지론의 비교를 근거로 인문주의와 종교개혁은 사상적으로 상반된다는 견해를 제시하기도 했다. cf. Steven Ozment, *The Age of Reform:* 1250-1550 (New Haven, Yale University Press, 1980), pp.290-302.

54) 부르크하르트 등의 견해는 종교개혁을 루터파 신학에 집중하여 봄으로써 인문학이 신학함(doing theology)의 과정에 작용하는 방식을 충분히 성찰하지 못했기 때문이라고 볼 수 있다. 여기에는 독일계 중심의 루터파 정통주의 학자들과 영미, 화란계 칼뱅주의 학자들 사이의 입장 차이도 고려되어야 한다. 루터는 '그 개혁자(the Reformer)'

로 불렸듯이 종교개혁의 위대한 돌파를 이루어낸 창시자로서 역할을 감당했다. 그러나, 종교개혁의 신학을 체계화하고 도시문화를 배경으로 정치, 경제, 고등교육에서 근대 유럽의 정신적 토대를 형성하는 데는 칼뱅의 신학적 영향력이 지대했다. 따라서 종교개혁 신학과 인문주의의 관계성은 칼뱅 신학에 중점을 두고 해석되어야 한다고 본다. 루터파는 주로 독일계였으며 칼뱅은 루터 진영에서까지 'the theologian'이라 불리며 개혁신학의 대표자로 인정되었다는 점과, 봉건제의 농경 문화권 속에서 활동한 루터는 신학적으로도 중세적인 틀을 완전히 벗어나지 않은 것으로 평가되기도 한다. 크리스토퍼 도슨,《중세문화사》

55) McGrath, *Reformaiton Thought : An Introduction*, p.60; 곽차섭, p.180.

56) 박준철, "르네상스 휴머니즘과 종교개혁의 관계", p.7. 주15.

57) P. O. Kristeller, *Renaissance Thought: the Classics, Scholastics, Humanism*(New York, 1961), p.11.

58) 르네상스사 연구자들이 크리스텔러의 견해에 전반적인 일치를 보이는 것과 달리 종교개혁사 연구자들 사이에서는 인문주의에 대하여 기존의 명제 중심의 사상사적 방법으로 접근하는 경향이 지배적이다. 그 이유 중 하나는 종교개혁사 연구자들의 관심이 종교개혁의 기원에 집중됨으로 말미암아 당시의 사회문화적 과정 속에 종교개혁이 어떻게 정착되었는가의 문제들이 도외시되곤 하기 때문이라고 본다. cf. Charles Nauert, "Renaissance Humanism: An Emergent Concensus and Its Critics", *Indiana Social Studies Quarterly,*

33(1980), pp.5-20; 박준철 "르네상스 휴머니즘과 종교개혁의 관계", p.7.재인용.

59) Rex, p.57.

60) Bouwsma, *John Calvin,* p.113.

61) Rex, p.57.

III. 칼뱅 신학 속의 인문주의

62) 더욱이 "하나님에 대한 경외심이 없이는 하나님을 인식할 수 없으며 하나님을 아는 지식은 하나님의 영에 의한 조명에 의해서만 드러나는 것"임을 시종일관 강조한다. 그는 이 점에서 다른 어떤 신학자보다 두드러지므로 "성령의 신학자"로 불리기도 했다. 이양호, p.49.

63) 본서 2.1. 참조.

64) 르네상스사가 찰스 노어트는 인문주의의 성격을 지적 용매(intellectual solvent)라고 적절히 표현한 바 있다. Charles Nauert, The Humanism and the Culture of Renaissance Europe, (Cambridge University press, 2000), p.193.

65) R. C. Gamble(1990), p.106; Leith, 38ff. 그러나 중심교리가 부재하다는 것과 《기독교 강요》의 체계성 여부는 별개의 문제이다. Francis Higman, Lire et Decouvrire: La Circulation des idee au temps de la Reforme(Geneve, Librairie Droz S.A.,1998), pp.391-392.

66) 19세기와 20세기 초까지 다수의 학자는 그것을 하나님 주권사상 (doctrine of divine sovereignty)과 그 연장선에 있는 예정 교리라고 생각했다. 이 견해를 주장하는 신학자는 에른스트 트뢸치(Ernst Troeltsch)를 비롯하여 한스 베버(Hans Weber), 라인홀트 제베르크(Reinhold Seeberg), 오토 리츨(Otto Ritschl) 등 다수이다. 트뢸치에 따르면, 칼뱅의 신학사상에서 가장 독특한 특징이며 중심적인 요소는 예정에 대한 관념이다. 그에 따르면 칼뱅은 예정 교리를 통하여 절대적이고 주권적인 하나님의 특성을 표현하려고 노력했다. "칼뱅에게 있어서 중심적인 점은 피조물의 자기중심적인 개인적 구원이나 신적인 사랑의 의지의 보편성이 아니라 하나님의 영광이다." 요컨대 트뢸치는 칼뱅을 하나님의 예정, 하나님의 주권적 의지, 하나님의 영광을 강조한 신론(성부) 중심의 신학자로 보았다.

그러나 예정론은 구원 섭리의 한 맥락을 조명하는 것이고 또 예정 교의가 칼뱅만의 것은 아니었다는 점에서 예정론이 그의 신학의 전체 성격을 대변하는 것으로 보는 것은 적절치 못하다는 인식이 지배적이다. 예정론에 국한하지 않고 하나님 주권 사상을 중심사상으로 보는 것은 그보다 다소 설득력이 있다. 이것은 칼뱅의 신학이 '인간의 비참함'과 '하나님의 엄위'라는 신 인식에 크게 기초하고 있기 때문이다. 그러나 이것은 신학 체계를 위한 관점이나 원리라기보다는 경건의 태도이며, 초월적인 목표나 그리스도인의 삶의 전제에 해당한다는 점에서 중심교리 논의에서는 벗어나게 된다.

한편, 전통적으로 칼뱅 연구가들이 트뢸치처럼 칼뱅의 신학을 성부 중심적으로 해석해 온 데 반하여 빌헬름 니젤(Wilhelm Niesel)은 칼뱅 신학의 진정한 성격은 그것의 그리스도 중심적 특성을 인식하는 데서 찾게 된다는 견해를 제시했다. 칼뱅은 그의 모든 가르침에서 오직 하나의 주제, 즉 하나님께서 육신을 입고 오셨다는 주제만을 가지고 있다는 것이다. 니젤은 두 가지 점에서 예수 그리스도가 칼뱅 사상의 내용뿐만 아니라 형식도 지배하고 있음을 주장했다. 첫째는 칼뱅이 그리스도의 성육신 교리를 확정한 칼케돈 신조를 여러 주요 교리에 대한 자신의 사상의 지침으로 이용하고 있다는 점이다. 둘째로, 다양한 하나님의 역사는 실지로 그것이 일어날 때 그것을 하나의 단위로 고찰하지 않으면 안 된다는 것이다. 니젤의 해석은 칼뱅 신학 안의 기독론적 요소를 새롭게 발견하고 평가함으로써 엄격한 신론(神論) 중심적 사상가로서의 칼뱅의 고정적 이미지를 수정하는 영향을 미치기는 했다. 그러나 역시 칼뱅 사상에서 기독론 중심이 아닌 다른 면들을 완전히 무시해 버리고 있다. 이는 칼뱅의 글 가운데 상당 부분은 니젤의 명제를 기반으로 해서는 설명될 수 없음을 의미한다.

이에 대하여 벤자민 워필드(Benjamin Warfield)는 칼뱅을 성령의 신학자로 주장한다. 그는 "어떤 의미에서 죄와 은총의 교리가 아우구스티누스에서 시작되었고 보상(報償)에 대한 교리가 안셀무스에서 시작되었고, 이신칭의론(以信稱義論)이 루터에게서 시작되었다고 한다면 우리는 성령의 역사(役事)에 대한 교리는 칼뱅이 교회에 준 선물이라고 말해야 한다"라고 지적했다.

칼뱅의 성령론은 《기독교 강요》에서는 제3권에서 다루어진다. 1권의 창조주 하나님, 2권의 구속주 하나님에 이은 3권의 내용은 일반적인 조직신학의 체계에서 구원론에 해당하는 것이지만, 그 제목은 "우

[미주]

리가 그리스도의 은혜를 받는 방법: 우리에게 임하는 유익은 무엇이며 또 어떤 결과가 따르는가?"로 되어 있다. 그리고 3권의 각 장의 내용은 성령의 역할과 칭호, 성령으로 말미암는 믿음의 본질, 성경의 말씀과 성령의 관계 등에 대하여 설명하고 있다.

이처럼 《기독교 강요》는 구원론의 교의를 추상적이고 개념적인 이론으로 정리하기보다 정리하는 것보다 신자들에게 '실제적인 영적 유익'을 주기 위하여 구원의 역사를 이루는 성령론의 관점에서 서술한다. 이것은 그리스도의 모든 은혜는 성령을 통해서만 오고, 성령이 그리스도와 그리스도인이 관계할 수 있게 하는 그리스도인의 관계를 가능케 하는 근본적 요소임을 명시함으로써 기독교 신앙의 삶의 실제를 성령을 중심으로 이해하고, 경건의 실천을 위한 지침으로 삼게 하려는 것이다. 그런 점에서 "성령론은 곧 기독론의 힘이요 내용"으로서 칼뱅의 신학에서 기독론 못지않게 중심적 위치에 있다는 평가를 받게 되는 것이다.

이상의 견해들이 성부, 성자, 성령의 삼위일체의 한 면만을 강조하는 것이었다면, 밀너(Benjamin C. Millner jr.)는 <칼뱅의 교회론>에서 칼뱅 신학의 통일적 원리는 성령의 조명 교리로 대표되는 "성령과 말씀의 절대적 상관관계"라고 했다. 그가 성부 하나님 중심적 해석자들과 그리스도 중심적 해석자들이 성령의 역사를 충분히 그리고 정확하게 평가하지 못했다고 비판하고, 성령과 말씀 이 둘을 강조한 것은 진일보한 것이라고 할 수 있다. 그러나 그의 견해 역시 성부 하나님의 주권적 의지, 곧 계획하고 추진하는 성부 하나님에 대한 언급 없이 성령과 말씀만 강조한 것은 결점이라고 할 수밖에 없다.

　중심교리에 대한 논의가 일치를 찾지 못하는 동안, 찰스 파티 (Charles Partee)는 1987년 '칼뱅의 중심교리 재론(Calvin's Central Dogma Again)'이라는 논문에서 칼뱅의 중심교리는 '그리스도와의 연합'이라고 주장했다. 그는 칼뱅 신학의 전체구조를 파악하기 위한 다른 접근방법들의 가치와 타당성을 부정하지는 않으나 이 개념이《기독교 강요》의 내용을 가장 포괄적으로 집약하는 유용한 방법이 된다고 했다. 그리고 '그리스도와의 연합'의 개념이 다른 모든 교리에 관한 칼뱅의 사고 속에 존재하고 있음을 지적한다. 이것은 칼뱅의 신학을 설명하는 데 철학적이기보다는 신학적 기초를 제공해 주는 장점이 있으며, 이 주장을 받아들일 때 주석가들은 칼뱅의 논리보다 그의 신앙을 더 많이 다루게 될 것이라고 했다.

　밀너에 따르면 이 교리는 중심적일 뿐 아니라 궁극적인 교의로서 칼뱅이 기독교 신앙을 이해하고 설명하는 데 가장 기반이 되는 교의이다. '그리스도와의 연합'이 칼뱅의 중요한 교리의 하나임은 틀림없지만 이 주장 역시 니젤에 대한 비판과 같은 비판을 면할 수 없다고 하겠다.

67) 같은 책, p.50.

68) John Calvin, Institutes of Christian Religion ed. John McNeil, tr. Intro. Ford Lewis Battles (Philadelphia, Westminster Press) LCC Vol.XX. 2.17.1. 이하 <강요>로 약기함.

69) 같은 책.

70) <요한복음 주석> 1:16,. 이양호, '신학구조', p.51 재인용.

71) <강요> 3.1.1.

72) R. C. Gamble(1990), p.106; Leith, 38ff. 그러나 중심교리가 부재하다는 것과 <기독교 강요>의 체계성 여부는 별개의 문제이다. Francis Higman, Lire et Decouvrire: La Circulation des idee au temps de la Reforme(Geneve, Librairie Droz S.A.,1998), pp.391-392.

73) 바우케는 당시까지의 칼뱅 연구를 검토한 뒤 그것들이 갖는 상이점을 극복하기 위해서는 칼뱅 신학 자체의 내재적 성격에 궁극적 근거를 두어야 한다고 주장했다. Herman Bauke, *Die Problems der Theologie Calvins*(1922). 이것은 1909년 칼뱅 탄생 500주년을 기점으로 일어난 칼뱅 연구의 부흥을 종합검토한 결과를 정리하는 의미를 갖는 것이었다. quoted in W. Niesel, p.10.

74) Bauke, 같은 책, p.11.

75) Bauke, 같은 책, p.11.

76) 같은 책.

77) 그는 칼뱅의 신학을 프랑스 정신의 두드러진 결과로 해석한다. 프랑스 정신에서는 형식이 결정적인 의미를 갖는다. 생명은 형식 안에 그 특징을 나타낸다는 것이다.

78) 영생은 유일하신 참 하나님과 그의 보내신 자 예수 그리스도를 아는 것이니이다"(요한복음 17:3). "오직 이것을 기록함은 너희로 예수께서 하나님의 아들 그리스도이심을 믿게 하려 함이요 또 너희로 믿고 그 이름을 힘입어 생명을 얻게 하려 함이니라"(요한복음 20:31). 한

편, 베드로 서신은 구원을 "신의 성품에 참여함"이라고 표현한다.(벧
후 1:4)
79) 루터파 정통주의는 칭의론을 축소 지향적으로 해석하여 기독교 복음
을 사사화했다는 비판을 받기도 한다. 이 점은 독일 교회와 나치의
관계에서 지적되었는데 실제로 독일 나치하의 고백교회 운동의 참여
도에서 루터파 교회는 개혁파 교회에 비하여 현저히 낮았다.
80) Gamble, "Current Trends in Calvin Research, 1982-1990",
p.106; 이양호, p.57; John Leith, 이용원 역, p.21; Dowey, p.243ff.
81) Ford Lewis Battles, *Interpreting John Calvin,* ed. Robeerto
Benedetto(Baker, 1966), p.35, n1.
82) 역사가 조르주 뒤비는 이것이 중세 말 사려있는 신앙의 추구자들로
하여금 신비주의적인 방향으로 쏠리는 경향을 돌이키게 한 중요한 의
의를 갖는다고 평가한다. 중세 말의 종교는 신학과 철학이 유리되는
경향을 나타내게 되었는데 그 이유는 중세 후기부터 철학자들은 인
간 지식을 취급할 뿐이며 신학자들은 신적 개념을 다루되 인간 이성
에 의존하여 다루었다. 이러한 흐름을 거부하는 진지한 종교성을 추
구하는 사람들은 신비주의적 경향으로 나아가고 있었다. 칼뱅의 신
학은 이런 경향을 세심한 성서의 연구로 돌이키는 전환을 가능케 한
것이다.

칼뱅의 신학적 사고는 계시자(revealer)로서의 하나님과 그 계시
를 인식하는 자(knower)로서의 인간이라는 맥락을 벗어나지 않는
다. 칼뱅은 신앙에 관한 참된 앎(信仰知)의 원천으로서 성서에 각
별한 위치를 부여했고, 한 걸음 더 나아가 성서를 계시의 원천으로

간주하되 이것이 인간의 철학적 사색이나 사변적 추론에 의해 인식되는 것이 아니라 성령의 조명에 의해 깨달아지고 확신되는 독특한 지식임을 명확히 규정했다. 이것은 신학의 근거를 성경과 성령의 밀접한 상관관계에 정초시킨 것이었고, 이로써 "말씀의 신학"이라는 종교개혁 신학의 패턴을 확립시킨 것이었다. 이는 루터에게서 시작된 '오직 성경'이라는 종교개혁의 원리를 더욱 온전하게 실천적으로 구현한 것이었다. 이러한 칼뱅의 신학은 지식인 평신도, 귀족인 교양 계급의 여성, 교육의 기회를 갖지 못하였으나 배움을 갈구하던 여성 등 신앙의 지적인 내용을 갈구하는 모든 사람에게 환영을 받게 되었다.

83) 이런 관점에서 르네상스와 종교개혁의 정신은 통합적으로 "신과 자아를 찾아서(in search of God and self)"라고 지칭될 수 있다. cf. Donald Wilcox, In Search of God and self

84) 두 지식이 '창조주로서의 하나님을 아는 지식'과 '구속주로서의 하나님을 아는 지식'의 두 지식을 의미하는 것인지, 혹은 '하나님에 관한 지식'과 '인간에 관한 지식'의 두 지식을 가리키는 것인지에 대하여는 견해가 일치하지 않고 있다. 전통적으로 다수의 학자들이 전자의 입장을 취하고 있으나, 이는 《기독교 강요》의 구성형식에 치우친 이해라는 비판을 받는다.

85) (T.H.Parker, *Calvin: A Biography,* 김지찬 역, p.257).

86) *Iohannis Calvini Opera Omnia Theologica in Septem Tomos Digesta*(Genevae: Apud Iohanem Vignon, Petrum & Iacobum Chouet, M. DC. XVII) Sig.4a quoted in T. H. Parker, *Calvin's*

Doctrine of the Knowledge of God, p.8. cf.이양호, "신학구조", p.94.

87) <기독교 강요>의 중요성은 그가 스스로 끊임없이 <강요>를 개정 증보했다는 사실에 있다. 칼뱅의 사상은 다른 개혁자와 달리 <강요> 하나로도 입증 가능하다. 이 책은 칼뱅의 사상 전체를 가장 집약적으로 표현하고 있다. 특히 연속된 개정판들의 비교를 통해 칼뱅 사상의 발전단계를 찾아볼 수 있다. F. Wendel,. *Calvin: The Origins and Development of His Religious Thought*(London, 1963), 김재성 역,《칼뱅: 그의 신학사상의 근원과 발전》, (고양, 크리스챤 다이제스트, 1999), p.129, n2.

88) T.H. Parker,《칼뱅신학 입문》, 박희석 역, p.27.

89) Edward A. Dowey Jr., *The Knowledge of God in Calvin's Theology*(Eerdman, 1994) p.248.

90) <강요> 3.2.14.

91) <강요> 3.2.15

92) <강요> 1.1.1.

93) <강요> 1.6.2.

94) 제1권 창조주 하나님에 관한 지식

제1장. 하나님을 아는 지식과 우리 자신을 아는 지식은 연결되어 있다. 그것들은 어떻게 상호 관련되는가?

제2장. 하나님을 안다는 것은 무엇이며, 그분을 안다는 것은 무엇을 향하는가?

제3장. 하나님을 아는 지식은 자연적으로 인간의 마음에 심겨 있다.

제4장. 이 지식은 한편으로는 무지에 의하여, 한편으로는 악에 의하여 질식되거나 왜곡되어 있다.

제5장. 하나님을 아는 지식은 우주의 형성과 그것의 지속적인 운행 속에 빛나고 있다.

제6장. 성서는 창조주 하나님께 가까이 가려는 자에게 안내자요 선생으로서 필요하다.

제7장. 성서는 성령의 증거(witness)에 의하여 확정된다. 이로써 성서의 권위는 확실해진다. 성서의 신뢰성이 교회의 판단에 의존한다는 것은 사악한 오류이다.

제8장. 이성의 범위 안에서 성서의 신뢰성을 확립할 증거는 충분히 찾을 수 있다.

제9장. 광신자들은 성서를 포기하고, 경건의 모든 원칙을 버리고 계시를 찾아 쫓아간다.

95) 잠언 1:7. cf. "가까이하여 말씀을 듣는 것이 우매자의 제사 드리는 것보다 나으니라"(전도서 5:1).

96) "이는 너희로 들어가서 기업으로 얻을 땅에서 그대로 행하게 하려 함이라. 너희는 지켜 행하라 그리함은 결국 앞에 너희의 지혜요 너희의 지식이라. 그들이 이 모든 규례를 듣고 이르기를 이 큰 나라 사람은 과연 지혜와 지식이 있는 백성이라 하리라"(신명기 4:6).

97) 호세아서 6:3.

98) "영생은 유일하신 참 하나님과 그의 보내신 자 예수 그리스도를 아는 것이니이다"(요한복음 17:3). "오직 이것을 기록함은 너희로 예수께서 하나님의 아들 그리스도이심을 믿게 하려 함이요 또 너희로 믿

고 그 이름을 힘입어 생명을 얻게 하려 함이니라"(요한복음 20:31).

99) "주님께서는 만세와 만대를 내려오며 감추었던 그 뜻의 비밀을 그의 성도들에게 나타내셨다"(골로새서 1:26, 2:2; 에베소서 1:17, 4:13; 디모데전서 2:4; 베드로후서 2:21).

100) "이러므로 내가 네게 말하노니 저의 많은 죄가 사하여졌도다 이는 저의 사랑함이 많음이라 사함을 받은 일이 적은 자는 적게 사랑하느니라"(누가복음 7:47).

101) "내가 무엇을 하여야 영생을 얻으리이까 예수께서 이르시되 율법에 무엇이라고 기록되었으며 네가 어떻게 읽느냐 대답하여 가로되 네 마음을 다하며 목숨을 다하며 힘을 다하며 뜻을 다하여 주 너의 하나님을 사랑하고 또한 네 이웃을 네 몸과 같이 사랑하라 하였나이다. 예수께서 이르시되 네 대답이 옳도다 이를 행하라 그러면 네가 살리라"(누가복음 10:25-28). "순종하는 사람들에게 주신 성령도 그러하니라"(사도행전 5:32). "행함이 없는 믿음은 그 자체가 죽은 것이라, 행함이 없는 네 믿음을 네게 보이라 나는 행함으로 내 믿음을 네게 보이리라"(야고보서 2:18).

102) *Institutes of Christian Religion,* ed. Henry Beveridge(London, James Clark, 1953), p.40-41; "바요나 시몬아 네가 복되도다. 이를 네게 알게 한 이는 혈육이 아니요 하늘에 계신 내 아버지시니라(마태복음 16:17). "아버지여 이것을 지혜 있고 슬기로운 자들에게는 숨기시고 어린아이들에게는 나타내심을 감사하나이다"(누가복음 10:21).

103) Bouwsma, "Calvinism as Renaissance Artifact", p.15.

104) Bouwsma, "crisis", p.202.

105) Serene Jones, *Calvin and the Rhetoric of Piety,* p.103.

106) Bouwsma, "Crisis", p.201;《고린도 후서 주석》10:12; Gamble도 이 시대에는 인간 정신이 어떤 확실한 지식을 가질 수 있는 능력이 있는가에 대하여 의문이 제기되고 있었던 사실을 지적하고 있다. 르네상스 문화의 이러한 국면은 신학적인 측면에서 중세 후기 명목론과 실재론 사이의 대립과 궤를 같이하고 있었다. 칼뱅 신학의 구조에 대한 논의가 인식론적 원리에 초점을 두게 된 것은 이러한 르네상스와 중세 후기 신학에 관한 이해가 증가하는 것과 무관하지 않다. Gamble, "Current Trends in Calvin Research, 1982-1990," p.106.

107) 12세기 아벨라르와 안셀름에서 시작되어 17세기의 과학혁명으로 완결되는 인식론적 전환에 대한 서술은 Bouwsma의 "crisis" 참조.

108) 아리스토텔레스는 직접적으로 말하기를 "앎의 행위는 알려지는 사물과 동일하다"라고 했다. (the act of knowing is the same as the thing known), De anima, II. 7, 431 quoted in Bouwsma, "Crisis", pp.190-191.

109) 봄과 들음에 대한 문화적 차이의 중요성은 Auerbach의 고전인 Mimesis: The Representation of Reality in Western Literature, tr. Wilard Trask(Princeton, 1953), 1, 2장 참조.

110) 토마스 아퀴나스나 단테는 종교적 경험을 '복된 환상(beatific vision)'으로 표현했다. 보는 것의 인식능력에 대한 낙관은 신성한 가치들을 물리적 우주에 결부시키는 경향을 촉진했다. 신은 하늘,

높은 그곳에 존재한다는 관념을 낳았고, 신은 눈에 보이는 창조물들 속에서 발견된다는 신념에 기초한 자연신학을 가능케 했다. Michael Baxandall, *Painting and Experience in Fifteenth Century Italy*(Oxford, 1972), p.41 quoted in Bouwsma, "Crisis", p.192.

111) Thomas Tentler, Sin and Confession on the Eve of the Reformation(Princeton, 1977), p.147 quoted in Bouwsma, John Calvin, p.150.

112) D.P.Walker, *The Ancient Theology: Studies in Christian Platonist from the Fifteenth Century to Eighteenth Century* (Ithaca,1972), p.59 quoted in Bouwsma, John Calvin, p.151.

113) Rablais, *Gargantua et Pantagruel,* III, xxxiv quoted in Bouwsma, John Calvin, p.150.

114) Bouwsma, John Calvin, p.151, n.5.

115) Discorsi, I. 47 quoted in Bouwsma, *John Calvin,* p.151.

116) Ricordi, Ser, C.6 quoted in Bouwsma, *John Calvin,* p.152.

117) Bouwsma, *John Calvin,* p.150.

118) 같은 책, p.152.

119) 같은 책, p.151.

120) 같은 책, pp.151~151.

121) Hyperaspistes, LB, X, 1284 quoted in Marjorie O'Rouke Boyle, *Rhetoric and Reform*(Harvard University Press, 1983), p.46.

122) 칼뱅은 이미 역사를 지식의 명암을 기준으로 바라보는 르네상스 시

대의 역사관에 공감하고 있었다. 그의 지식관은 여기에 뿌리를 두고 있었다고 볼 수 있다. 즉 고대는 인류가 지식으로써 계몽된 시대였으나 이 시대의 학문은 교황제도 아래서 야만과 무지의 암흑의 시대이며 중간 시대인 중세에 멸망했다. 이제 마침내 학문의 빛이 다시 타오르기 시작했다. 칼뱅은 종교개혁의 정당성을 이 구조에서 이끌어내었다. 그는 에라스뮈스와 마찬가지로 이 세상의 무지가 교황제와 교황의 하수인인 수도사들로 인한 것이라고 비난했다. "당대의 야만성의 첫 번째 행동가인 교황들은 성서가 가르치고 있으며 보편적으로 제창되어야 하는 진정한 종교에 대해 자기들과 다른 사람까지 무지하며 멸시하도록 하고 있다. 그들은 감히 새로운 교리들과 죄스러운 전통들을 만들어 복음 진리의 자리를 차지하게 한다." cf.<강요> 4.11.1.

123) 기독교 전통에서 수사학은 신학과 오랜 대화적 관계를 갖고 있다. 초대교회에서부터 기독교 변증가들은 기독교 복음의 메시지를 설득력 있게 설명하기 위하여 고대 로마와 그리스의 웅변가들의 기법을 채용했다. 이러한 관계가 가장 뚜렷이 드러나는 것은 아우구스티누스이다. 다년간 수사학 교사로서의 경력을 갖고 있었던 그의 신학 저술들은 신학적인 예리함과 함께 문장의 유려함으로써도 주목되어 왔다. 그 외에도 대부분의 라틴 교부들은 수사학자들이었다. 르네상스 시대에 수사학 전통이 큰 저항감 없이 수용될 수 있었던 것은 라틴 교부들에 대한 존중 때문이었다. Jones, p. 13.

124) Serene Jones는 *Rhetoric of Piety*(Westminster John Knox Press, 1995)에서 《기독교 강요》의 1권 1-3장을 수사학적 읽기의

방법으로 분석하고 있다. 그 외의 칼뱅의 신학과 수사학의 관계에 관한 연구로는 F. Higman, Oliver Milet, Benoit Girardin, 등 프랑스 학자들의 연구가 있다.

125) Jones, p.1.

126) Jones, pp.1-3. 본서 3장.나).1)참조.

127) 2002년도 세계칼뱅학회는 "칼뱅의 목회"를 주제로 한 바 있다.

128) A.E. McGrath, *A Life of John Calvin*(Eerdman, 1995), p.130; G. P. Norton, "Translation Theory in Renasssance France: E. Dolet and the Rhetorical Tradiotion", *Renaissance and Reformation* 10 (1974), pp.1-13.

129) Willis, p.52. 수사학이 고대 그리스에서 소피스트의 학으로서 대두된 이래 이 학문의 목적에는 두 가지 경쟁적 개념이 있었다. 그 하나는 연사가 논쟁에서 이기게 하거나 청중을 설득하게 하는 데 치중하는 것으로서 사안의 진위에 대한 고려는 차후의 문제가 된다. 설득의 기술은 연사의 주장의 논리를 그것이 진실이건 허위이건, 듣는 이가 받아들이도록 최선의 형태로 제시하는 것이다. 이런 뜻에서 수사학자에게는 전달의 형식과 문체상의 고려가 최우선시된다. 이것이 부정적인 함의를 띤 수사학에 대한 견해이며, 소크라테스가 <골기아스>(Gorgias)에서 정면으로 비판한 것이다.

또 하나의 수사학의 개념은 효과적인 연사를 만드는 데 주안점을 두지 않고 진리의 효과성에 중점을 둔다. 즉 진리를 효과적인 진리로 만든다는 것이다. 이 견해의 대표자는 키케로이다. 키케로의 수사학은 철학을 포함하는 것이었다. 르네상스 시대에는 키케로주의가 주류를 이루었다는 점에서 이 견해를 비중 있게 다루어야 한다. 중요한 점은 이러한 제2의 수사학 전통이 어떻게 부활하게 되었는가이다. Willis, pp.45-47.

130) Bouwsma, *John Calvin*, p.212.

131) Cicero, *De Oratore* 3.9.73 quoted in Willis, p.46-47.

132) Cicero, *De Oratore* 8.24 quoted in Jones, p.21.

133) 같은 책.

134) *De Oratore*, 3.12 quoted in Jones, p.22 n.35.

135) *De Oratore*, 2, 1.5 quoted in Jones, p.22.

136) *De inventore* 1.1.1 quoted in Jones, p.22.

137) Petrarch, *De vita solitaria* quoted in Jones, n.38.

138) Bouwsma, *John Calvin*, p.263.

139) Bouwsma, *"Calvinism as Theologica Rhetorica"*, ed. Gamble, *The Organizational Structure of Calvin's Theology*, pp.85-97.

140) <강요> 1.14.4.

141) Edward A. Dowey, Jr., *The Knowledge of God in Calvin's Theology*(Eerdman, 1994), p.248, n.13. 다우위는 칼뱅 사상의 특징을 실제적, 유용한, 효용성(practical, useful, utility) 등의 표현보다 '실존적(existential)'이라는 말로 표현하고자 한다.

142) Bouwsama, *John Calvin*, p.125.

143) Breen, "John Calvin and Rhetorical Tradition", *Church History* XXVI(1957), p.3ff.

144) <강요> 3.6.1. 이 말은 <강요>에 실제로 나타나고 있는 칼뱅의 긴

문장들을 읽는 우리에게 의문을 일으키기도 한다. 그러나 여기서 고려해야 할 것은 그 당시의 신학적 관심사 중에는 오늘날 우리는 강조하지 않는 것이 있다는 점이다. (F.L.Battles, 역자 서문, <강요>, p.lxx); 퀸틸리아누스는 간결성의 수사학에 관하여 말한 바 있다. "우리가 청중들을 오래 기다리게 하지 않고 논점에 집중하려 한다는 인상을 주는 것 역시 청중들의 주의를 불러일으키는 데 유용한 방법임을 알게 될 것이다" Quintillianus, IV. I. 34 quoted in Bouwsma, John Calvin, p.126.

145) 우리는 하나님을 자체의 본질로서 볼 수 있는 것이 아니라, 우리를 향하신 모습으로서 볼 수 있다. 이는 우리가 공허한 사변이 아니라 살아있는 경험으로써 그분을 인식하게 하기 위함이다…… 우리는 하나님을 알도록 부름받는다. 공허한 사변으로 만족하여 머릿속을 스쳐 가는 그런 앎이 아니고, 우리가 적절히 인식하고 마음에 뿌리를 내리기만 하면 건전하고 결실을 맺는 앎으로 부름받은 것이다. <강요> 1.5.9; Jones, pp.26-27.

146) <강요> 1.7.4; <요한복음 주석> 14:26ff. "성령이 오시면 너희를 진리 가운데로 인도하시리라"

147) <예레미야서 주석> 18:11. Bouwsma, *John Calvin,* p.115, CO vol.38, col. 300; Jones, p.28.

148) 이 점에서는 신학의 정의를 "복음을 주변 문화에 적용하는 작업"이라고 한 John Yoder의 견해를 참고할 수 있다. John Yoder, "Thinking Theologically from a Free Church Perspective", in *Doing Theology in Today's World,* ed., J. Woodbridge and T.

E. McComiskey(zondervan, 1991), p.251.

149) Jones, p.38.

150) Jones, p.6-7, 2장 박해 아래서의 칼뱅의 의식상태에 대하여는 Bouwsma, John Calvin, p.432를 참조.

151) Jones, p.38.

152) <강요> 3.21.1.

153) Bouwsma, *John Calvin,* p.324.

154) <강요> 2.5.19.

155) <강요> 1.15.4

156) <출애굽기 주석> 20:13; <야고보서 주석> 3:9.

157) <강요> 3.7.6.

158) 이러한 수사학적 변주를 가장 생생하게 예시해 주는 것은 제4 복음서의 서두에 관한 설교이다. 칼뱅은 성육신이 우주 안에서의 인간의 위치에 관하여 함축하는 바를 경하하면서 이 설교를 시작한다. "하나님은 모든 창조물들 가운데서 가장 위대하고 가장 뛰어난 우리들 인간 안에 자신의 권능을 나타내 보이고 계십니다……하나님께서는 우리 안에 자신의 형상을 새겨 놓으셨습니다……심지어는 이교도들조차 인간 안에서 다른 모든 것들을 능가하는 창조자의 대작을 보고 인간을 소우주라고 부르기 때문에 우리는 인간 안에서 하나님의 덕과 권능을 인식해야 하는 것입니다." 그러나 그는 설교 도중에 마치 자신의 회중들에게 그들 안에 있는 하나님의 형상을 흠모하도록 유도함으로써 그들의 교만을 북돋아 주는 것이 아닌가 하는 생각이 갑자기 떠오르기나 한 것처럼 갑작스

럽게 경하스러운 어조를 바꾼다. "그러나 하나님께서 인간 안에 두신 이 빛은 거의 완전히 소멸해 버렸습니다." Bouwsma, *John Calvin*, p.327.

159) Stanley E. Porter, Thomas H. Olbricht eds., *Rhetoric, Scripture, Theology: Essays from the 1994 Pretoria Conference* (Sheffield Academic Press, Jan. 1996), p.ii.

160) 그것은 시편 주석 서문에서 자신의 회심에 대해 스스로 술회한 바와 같이 하나님의 엄위(God's majesty)의 체험이었다.

161) 칼뱅이 그리스-로마 고전의 이교도 작가들의 저작을 자유롭게 활용할 수 있었던 데도 역시 비신자들 속에 나타나는 참된 가치들도 하나님의 것이라는 적극적인 일반은총의 이해가 있었다.

162) <요한복음 주석> "argumentum".

163) <마태복음 주석> 4:5.

164) <마태복음 주석> 2:1.

165) F.L. Battles, pp.117-138.

166) <시편 주석> 69:20.

167) <강요> 1.11.3.

168) Bouwsma, *John Calvin*, p.284.

169) 하나님은 자신을 우리의 비천한 조건에 맞춰 주신다. 이 맞춰주심(accomodare)의 이야기가 언약적 목표를 이루어 온 역사이다. 하나님은 그의 언약의 약속들을 모든 시대마다 자기 백성들의 연약한 조건에 따라 새롭게 맞춰 주심으로써 자기 백성들 가운데서 희망이 사라지지 않게 하신다. 칼뱅에게서 이러한 수사학적 개념은 성육신

교리를 이해하고 설명하는 데서도 중심적으로 작용한다. "그 자신 무한하신 성부께서는 우리들의 정신이 그의 무한한 영광에 압도되어버리지 않도록 우리들의 연약함에 자신을 맞추셨기 때문에 성자 안에서 유한한 존재가 되었다."

칼뱅은 성서에서 여러모로 매우 차이가 있는 청중들을 구별하고, 따라서 적응의 다른 방식들을 찾아내었다. 하나님은 모세와 다른 선지자들을 통하여 고대의 원시적인 백성들에게 말씀하셨고, 그리스도께서는 그 시대 사람들에게 말씀하셨다. 성서의 다른 책들은 좀 더 발전된 시대의 민족들에게 맞추어져 있는 것이다. 고대의 조야한 청중들을 향한 하나님의 의사소통은 성서에서 자연현상들을 비과학적 방식으로 다루는 것처럼 보이는 본문들을 설명해 준다. 가령 해가 장막으로부터 솟아오르는 것처럼 묘사하는 본문은 무지한 백성들에게 천문학의 비밀들을 가르치려고 하는 것이 아니라 신중하게도 평범한 문체를 선택한 것을 의미한다.

시대의 차이들에 대한 칼뱅의 예민성은 교회 역사의 한 시대에 옳았던 것들이 다른 시대에는 배척받을 수 있다는 사실을 함축한다. 가령 예배에서 고대 유대인들의 악기 사용방식을 존속시키는 것은 '어리석다'라고 생각했다. 또한 사도적 교회의 체제를 영속화하는 것도 일반적으로 적합하지 않을 것이라고 여겼다.

170) Traite des Scandales, pp.165-166.

171) <빌립보서 주석> 3:1.

172) <이사야서 주석> 51:19; Bouwsma, *John Calvin,* p.281.

173) <마태복음 주석> 13:10.

174) <예레미야 주석> 49:3.

175) <사도행전 주석> 26:23.

176) <예레미야 주석> 31:15-16; Bouwsma, *John Calvin*, p.283.

177) 저명한 교회사가 J. 펠리칸은 위대한 수사학자들은 수사학적 고려에서 지나친 수사학적 기법의 사용을 절제했다고 적절히 지적한 바 있다.

178) Bouwsma, *John Calvin*, pp.108, 188.

179) 칼뱅과는 학파와 신앙의 노선을 달리하는 Ernst Renan 역시 그의 사상의 내면에 충분히 공감을 갖지는 않았지만, 칼뱅의 영향력에 대하여 기록하고 있다. "우리의 눈에 매우 달갑지 못한 삶과 글을 남긴 사람이 그 시대의 거대한 운동의 핵심이었으며, 이처럼 딱딱하고 무거운 어조가 그 시대 사람들의 마음속에 그토록 위대한 영향력을 행사했다고 생각할 때 놀라움을 금치 못한다. 예를 들면, 그 시대의 가장 뛰어난 여인이었던 프랑스의 르네가 유럽의 화려한 기지들로 둘러싸인 페라라의 궁전에서 그처럼 준엄한 스승에게 포로가 되었으며 날카로운 가시로 그녀를 깊게 찌르기까지 그냥 끌려갔을까? 생각해 볼 때 의아스러울 뿐이다……루터의 성공의 비결이었던 생기 있고 깊이 있는, 동정적인 열정이 결여되어 있으면서도, 프랑시드 살르의 매력적인 감상적인 부드러움도 결여되어 있으면서도, 칼뱅은 그 세대의 어느 누구보다도 뛰어난 기독교인이라는 간단한 이유로, 기독교에 대한 반향이 울려 퍼지는 모든 나라와 모든 시대에서 가장 성공했다." *Calendar of State Papers*, Venetian, 1558-80, p.323 quoted in Lindsay, p.179.

180) 에라스뮈스, 기욤 뷔데 등 전 세대의 지도적인 인물들은 이미 세상을 떠났고, 1536년에 르페브르가 서거한 때에 <강요>가 출판되면서 칼뱅은 프랑스에서 개혁운동의 지도자로서의 위치를 얻고 있었다.

181) Jones, p.4.

182) <요엘 주석> 3:16 quoted in Emile Doumerg, *La Caratere de Calvin*, 이오갑 역, <칼뱅 사상의 성격과 구조> (대한기독교서회, 1995), p.67.

183) Bouwsma, *John Calvin*, p.114.

184) 같은 책, p.265.

185) <세네카 주석> 91.

186) <예레미야 주석> 5:15.

187) <욥기 설교> 56. 705.

188) <강요> 4.19.1.

189) <요한복음 주석> 1:1. Bouwsma, *John Calvin*, p.287 재인용. 이 주제는 더욱 깊은 연구가 필요하지만, 요한복음 서두가 선언하는 바가 예수 그리스도가 태초부터 하나님의 본체로서 창조의 하나님과 함께 하신 존재임을 강조하고자 한다면 verbum을 선택하는 것이 적절하며, 히브리서 1:1("옛적에 선지자들로 말씀하신 하나님께서 마지막 때에 아들로 말씀하셨다")과 같이 그리스도는 하나님의 계시 행동이심을 부각하고자 한다면 sermo를 택할 수 있을 것이다.

190) <고린도전서 주석> 2:11, 《마태복음 주석》 12:34.

191) <시편 주석> 81:5.

192) W. S. Reid, "Calvin and the Founding of the Academy in Geneva", *Westminster Journal of Theology* 18, p.111.

193) Higman, p.392.

194) Lindsay, p.183.

195) McGrath, *A Life of John Calvin*, p.233; Jones, p.12; J. Plattard 는 1541년 불어판 <강요>를 프랑스 웅변의 첫 번째 기념탑이라고 묘사했다. *Revue des cour et conferences,* annee 37 (1935-36), I, 495-510 in Higman, p.392; Walther von Wartburg는 <프랑스어의 발달과 구조>에서 16세기의 프랑스어의 발달에 주된 기여를 한 저자로서 단지 라블레와 칼뱅 두 사람만을 예시하고 있다. Wartburg가 예시한 것은 칼뱅 스스로 라틴어에서 번역한 프랑스어판 <기독교 강요>였다. Higman, "Calvin and the Art of Translation", *Lire et Decouvrir,* p.371.

196) <기독교 강요> 외에도 논쟁적 상황의 필요에서 쓰인 다수의 신학 논문들과 방대한 신구약성서의 주석에 나타나는 문체와 언어사용에서 칼뱅은 인문주의 학자로서의 뛰어난 역량을 보여주고 있다. 언어적 탁월성은 전형적인 수사학의 기능에 속한 것이며, 이 시대의 수사학은 전통적인 스콜라 학문의 삼단논법과 변증법(dialectic)의 대안으로서 명료함과 설득력을 제공했다.

문체는 수사학적 인문주의를 포괄적으로 지칭할 수 있는 개념이다. 한 사상가의 언어와 문체는 그의 성품이나 사유 방식과 정신적 특성을 이해할 수 있게 해 줄 뿐만 아니라, 다른 한편으로 문체를 구성하는 개별 요소들에 대한 분석을 통해 우리는 저자의 의도와 사고구조 그리고 한 걸음 더 나아가 저자가 서 있는 문화적 맥락을 심층적으로 파악할 수 있게 되기도 한다. 그러므로 칼뱅의 문체에 대한 분석은 신학의 내적 특성이 수사학적 접근에 의해 조명될 수 있음을 보여주는 주요한 예가 될 것이다.

197) Lettre aux frere de Bude, 1547, CO, Xii, p.647 quoted in Doumerg, pp.61-62.

198) Doumerg, p.67.

199) <요엘서 주석> 3:16; Doumerg, p.67.

200) Doumerg, p.67.

201) "무엇이든지 전에 기록한 바는 우리의 교훈을 위하여 기록한 것이니 우리로 하여금 인내로 또는 성경의 안위로 소망을 가지게 하려 함이라"(로마서 15:4).

202) <디도서 주석> 2:1.

203) <강요> 1.1.1.

204) <강요> tr. Beveridge p.40-41; "바요나 시몬아 네가 복되도다. 네가 이것을 알게 된 것은 혈육이 아니요 하늘에 계신 내 아버지시니라"(마태복음 16:17). "아버지여 이것을 지혜 있고 슬기로운 자들에게는 숨기시고 어린아이들에게는 나타내심을 감사하나이다"(누가복음 10:21). Doumerg, p.56 재인용.

205) <강요> 3.2.15.

206) Viguet et Tissot, *Calvin d'apres Calvin*, p.421. 안명준, <칼뱅의 성경해석학>(기독교문서선교회, 1997), p.56. 재인용.

207) Doumerg, p.34.

208) T. H. Parker, *Calvin's New Testament Commentaries,* (Edinburgh, T&T. Clark, 1971), p.51.

209) Jack Rogers, "Authority and Interpretation of the Bible" in *Major Themes in the Reformed Tradition*, ed. Donald McKim, (Eerdmans, 1992), p.56.

210) McKim, "Calvin's View of Scripture", *Readings in Calvin's Theology*(Baker, 1984), p.66.

211) T. H. Parker, *Commentary on the Romans*(Baker, 1979), p.xxiii.

212) <강요> 3.6.1.

213) 안명준, <칼뱅의 성경해석학>(기독교문서선교회, 1997), p.61-62.

214) 같은 책, p.62.

215) <강요> 3.22.8.

216) <로마서 주석> 5:14.

217) <강요> 6.1; 안명준, p.67.

218) 안명준, p.66, n. 21.

219) 그는 부처를 1537년에 스트라스부르에 망명하여 개인적으로 접하기 전에도 이미 서신으로 교제했고, 부처의 마태복음과 요한복음 등의 저서는 <기독교 강요>의 준비적인 연구에 사용되었다. 신복윤, <칼뱅의 신학사상>(서울, 성광문화사, 1993), p.77-78.

220) <로마서 주석> 10:13.

221) <고린도후서 주석> 1:11.

222) Bouwsma, *John Calvin*, p.108, 188, 114.

223) Higman, "Calvin the Writer" quoted in Jones, p.26.

224) Higman, *Lire et Decouvrire: La Circulation des idee au temps de la Reforme* (Geneve, Librairie Droz S.A.,1998), p.397.

225) 이광주, p.254.

IV. 결론: 신학적 인문주의자 칼뱅

226) 도예베르트(Herman Dooyeweerd)는 멜란히톤과 베자 역시 문헌학적 정신을 완전히 넘어서지 못함으로 인하여 성서적인 사상의 체계를 세우는 데 실패했고 그것이 17세기 개신교 스콜라주의를 낳게 되었음을 지적한다. *The Secularization of Science*(Memphis, Christian Studies Center, 1954), p.15.

227) Torrance, *Calvin's Doctrine of Man,* (Greenwood press, 1977/1957), p.11.

228) Bouwsma, *John Calvin*, p.115.

229) Wendel, p.39.

230) 같은 책, p.39-40.

231) Dooyeveerd, 같은 책.

부록: 칼뱅 연구사

232) Richard Gamble, "Current Trends in Calvin Research, 1982-1990, "ed., Wilhelm Neuser, *Calvinus Sacrae Scripturae Professor* (Eerdman, 1990), p.105-109.